自治体〈危機〉叢書

政府財政支援と被災自治体財政

東日本・阪神大震災と地方財政

高寄 昇三

公人の友社

はしがき

　災害大国日本は，平成にはいり，阪神大震災と東日本大震災という大災害にたてつづけに見舞われ，おおくの犠牲者をだし，地域社会・経済は，壊滅的被害をうけた。

　救助・復旧・復興をめぐって，おおくの提言がなされ，論争が展開されたが，意外と財政問題への論及はすくない。そのため被災自治体は，当然，復旧復興財源に悩まされ，生活再建・地域再生も難航している。

　さらに市民も被災自治体も，災害後遺症として，大きな債務を背負い込み，ながい苦難を余儀なくされている。このような状況は，いわば2次災害であり，払拭されなければならない。

　本書では，大災害における政府財政支援と被災自治体財政とを分析して，復旧復興財政の全額国庫負担を論証してみた。ただ阪神大震災と東日本大震災では，政府財政支援において大きな相違・落差がみられたので，この2大災害の比較をベースに，政府財政支援の課題を整理している。

　第1に，大災害における政府財政支援は，従来，激甚法などによって，補助金・交付税・地方債の補填率などの引上げ措置ですまされてきた。しかし，これは福祉行政の恩恵的福祉の亜流，国家責任の放棄で，被災自治体の生存権を，保障していこうとする意欲は欠落している。理論的には，政府財政支援は，復旧復興費の政府全額負担でなければならない。

　第2に，政府全額負担の根拠は，自治体財政は，少数の例外があるが交付税交付団体であり，いわば生活保護の状況におかれている。したがって交付税交付団体では，復旧・復興事業をなす財源はゼロであり，復旧復興費の地元負担を求めるのは，論理的には矛盾している。常識的にみて，災害によって財政力が激減した被災自治体に，負担をかぶせるは過酷な仕打

ちである。

　第3に，阪神大震災は，従来の補助率引上げ，補助裏財源の地方債発行，償還財源の交付税補填という復旧復興のシナリオが適用された。そのため復旧復興財源は，地方債中心主義であり，交付税補填も不十分であった。

　阪神大震災では，国庫支出金・交付税補填は，運用システムでは，3分の2程度とされている。しかし，実際，復興事業を実施すると，超過負担・付帯自主事業が発生し，神戸市の復興財政（**表43参照**）をみると，自己負担率2分の1となった。

　以後，神戸市財政は，今日まで復旧復興債の元利償還で，財政は疲弊し，地域経済振興だけでなく，市民福祉向上も，ままならい窮状がつづいている。これでは手術は成功したが，患者は死んだとおなじで，災害復旧復興は，達成されたが，地域社会・被災自治体は，死滅したといえる。

　神戸市の経済・生活の外観をみると，震災の傷はすっかり癒えた感があるが，企業は内部留保，個人は貯蓄，そして自治体は基金を食いつぶしての復興である。その経済力・財政力・生活力は，震災前と比較して，脆弱化している。

　第4に，東日本大震災は，国庫支出金優先・主導主義で，その不足を交付税で全額補填し，地方債財源には，依存しない制度設計がなされた。復旧復興財源の政府全額負担へと，大きく前進した。

　東日本大震災が，優遇されたのでなく，阪神大震災が，冷遇されていたのである。阪神大震災では，政府は復興財源を，国庫の余裕財源を，捻出して処理したが，東日本大震災では，復興増税を実施し，従来方式の枠組みで，対応しなかった。

　ある意味では，東日本大震災は，被害が甚大であり，従来の枠組みでは，対応できなかったので，震災財政システムの変革，地方債主義から，補助金主義へと，コペルニスク的転換を遂げた。

　東日本大震災が，残した最大の遺産は，この補助金主導の復旧復興財政である。今後，この方式を制度化・定着化させていくため，災害救助法・

激甚災害法などの再編成が，急務である。

　第5に，被災自治体にとっては，このような巨額の復旧復興財政を，どう執行していくかという，運用システムの問題がのこされている。東日本大震災の市町をみると，交付税・支出金が，震災前の50～100倍に激増しており，人口2万人の被災自治体が，震災前50億円程度の財政であったが，復旧復興事業だけで，500億円程度の復興事業を，分担している。

　全額国庫負担金であるから，財政的心配は，しなくてよいと考えるのは，机上演習の産物であり，復興事業での超過負担・付帯事業が，1割発生しても，50億円である。実際，被災市町では，高台移転の住宅再建への独自補助を競っており，自主施策膨張の兆しがみられる。

　復旧復興財源が，巨額であることは，補助対象外の超過負担・維持運営費も，巨額であり，前倒し補助金方式で，気をゆるめていれば，将来，おもわぬ財政危機に見舞われる。このようなリスクの高い，復興事業を，小規模町村に分担させるのは，将来，財政破綻の危機を，はらんでいるともいえる。

　復旧・復興事業の財政運営については，効率・経済・効果的だけでなく，給付行政の公平性，事業における費用効果など，公的団体としての，被災自治体のガバナビリティが試される。

　本書では復興財政の分析に，重点をおいたので，個別の復旧復興事業の分析・課題にまでは，紙面の都合で，タッチできなかったが，生活再建行政の課題を，例示としてあげてみた。復旧・復興事業の公共投資にも，共通する課題をもっている。

　災害は，どう努力しても，避けることができず，防災だけでなく，減災もふくめて，施策がなされている。しかし，財政について，きたるべき災害に対して，財源的には無防備であり，戦前の備荒儲蓄・罹災救助制度のほうが，水準は，お粗末であるが，災害救助の制度設計としては，基金を積み立て，不測の事態にそなえる対応は，すぐれている。

　もし関東大震災級の大災害が，発生すると，GDPの50%，政府財政支援は，

約250兆円の財源にもなり，現在でも1,000兆円の長期債務を，かかえる状況では，お手上げである。政府も自治体も，そして市民も，債務を少なくし，財政・生活の防御をしなければならい。

　いずれにせよ震災に対する財政問題は，復旧・復興事業の陰にかくれて，関心がうすく，制度設計も，運用システムも，未成熟であり，今後の研究が，またれる。本書が，復旧復興に，寄与できれば，さいわいである。なお出版の配慮をいただいた，公人の友社武内英晴社長に，心から感謝します。

　　2014年1月10日

　　　　　　　　　　　　　　　　　　　　　　　　　　　　高寄　昇三

目　次

　　はしがき………………………………………………………………　3

Ⅰ　東日本・阪神大震災と政府財政支援………………………………　9

　　1　震災被害と政府財政支援の落差…………………………………　10
　　2　大震災と地域経済・社会への衝撃………………………………　25

Ⅱ　震災復興と政府支援の特例措置……………………………………　29

　　1　阪神大震災と政府財政特例措置…………………………………　30
　　2　東日本大震災と政府財政特例措置………………………………　36

Ⅲ　被災自治体の財政変動の分析………………………………………　45

　　1　阪神大震災と兵庫県の復興財政…………………………………　46
　　2　阪神大震災と市町の復興財政……………………………………　53
　　3　東日本大震災と東北3県の復興財政……………………………　62
　　4　東日本大震災と市町の復興財政…………………………………　69

Ⅳ　復興事業と被災自治体の窮乏………………………………………　85

　　1　被災自治体と復興需要の激増……………………………………　86
　　2　被災自治体と復興財政の悪化……………………………………　93

Ⅴ　生活再建と震災復興の総括 ……………………………105

  1　生活再建体系と生活支援の課題 ………………………106
  2　復興財政総括と復興政策の課題 ………………………116

Ⅰ　東日本・阪神大震災と政府財政支援

1　震災被害と政府財政支援の落差

　大災害に見舞われた被災自治体にとって，被害額は，被災自治体の能力を，はるかにこえており，自力での復旧・復興事業ができるはずがなく，政府財政支援が唯一の頼りとなる。他力本願でなく，個人の生存権と同様に，地域社会・住民生活を支えるための，被災自治体の生存権の主張である。

　第1に，阪神大震災の被害状況は，被害総額約10兆円，兵庫県・神戸・西宮・芦屋市などの財政力3兆円で，財政力の3.3倍の被害である。家計におきかえると，所得1,000万円の住民が，家屋倒壊などで，3,000万円の被害が，生じたのとおなじある。

　被災自治体も，補助裏程度は，負担すべきという，国庫の心情は，わからないわけではないが，震災前の平成5年度，神戸市でも交付税が，5年度440億円（市税比率14.91%）も注入され，政府財政支援にすがって，財政運営をしている，準禁治産者の窮状にある。

　全国の自治体は，財政需要の不足分を，交付税で補填されており，富裕団体といえども，財政力格差是正で，地方税財源は，平準化され，財政的余力は政府が，吸い上げるシステムになっている。

　地方財政のセオリーからいえば，大都市と山村僻地の寒村と，実質的財政力は同じで，復旧・復興事業は，財源ゼロからの対応となる。

　第2に，東日本大震災の被害は，約17兆円と，推計されているが，東北3県の被害15兆円とすると，被災自治体の財政力は3兆円，被害は財政力の5倍であり，財政力でみると，阪神大震災の1.52倍となり，復旧・復興事業の規模もふくらむ。

　さらに東日本大震災は，原発事故の関係で，自治体によってっては避難地区の全面的移住となっおり，地域政府の再生も長期化し，自治体の復興事業

費は，さらにふくらむ要素がある。被災地域復興のカギは政府財政支援が，いくら注入されるかである。

第3に，ただ政府財政支援額は，政府予算の震災関連費を推計したもので，一部，政府直轄事業もふくまれるが，算定ベースは，政府財政予算での被災自治体への支援額であり，阪神大震災と東日本大震災で大きな相違はないと推測できる。

もっとも東日本大震災には，原発事故関係費が，多くふくまれれおり，被災自治体への政府財政支援といえない金額が，混入している。いずれにせよ正確な政府財政支援額は，被災自治体の積上げ方式で，積算する必要がある。

第4に，震災復興関連費で，政府機関・自治体外郭団体をふくめた事業費は，阪神大震災(表1参照)では16.3兆円と推計され，政府財政支援5.2兆円の3.13倍と推計されている。内訳は，国37.41％，県14.09％，市町17.82％，復興基金2.15％，その他28.53％で，政府直轄事業の比率は高く，地方団体は予想よりすくない。

表1　阪神・淡路大震災の復旧・復興事業　　　　　　(単位：億円)

区　分	国	県	市　町	復興基金	その他	合　計
保健・医療・福祉・住宅対策等	9,400	4,410	3,240	2,710	8,590	28,350
芸術文化・教育・文化財・まちなみ・景観等	1,350	1,090	960	190	110	3,700
中小企業対策・金融支援，新産業創造・雇用等	9,940	6,040	3,690	540	10,290	29,500
防災拠点・防火施設・防火システム・耐震化等	1,200	710	1,170	30	40	3,150
市街地整備・まちづくり・都市インフラ等	39,090	10,710	20,990	30	27,480	98,300
合　計	60,980	22,960	29,050	3,510	46,510	163,000

注　その他の内訳は，国関係団体（22,600億円），県・市町関係団体（7,680億円），民間事業者等（16,230億円）。
資料　兵庫県『伝える－阪神大震災の教訓－』207頁。

むしろ政府・地方団体などの外郭団体の比率が，県・市町を上回っている。神戸市でも，外郭団体の神戸外貿埠頭公社が，2,000億円ちかい損害が発生

しており，新交通株式会社などおおくの外郭団体が被害をうけた。

もっともこれら事業は，準公的団体の復興事業であり，また公的支援をうけた公的機関の復興事業であるが，民間企業の工場・事業所再建，個人の住宅再建などは，一部しかふくまれていない。

一方，中小企業対策には融資額があり，事業費としては，直接的投資ではなく，復旧・復興事業を水膨れさせている。いずれにせよ政府財政支援の3倍以上の復旧・復興事業が展開されている。

ただ多くの復興事業は，補助率が低く，政府財政支援は不十分であり，復旧・復興事業費は自治体の事業よりより大きな負担となっている。

第5に，大災害と政府財政支援は，災害の規模とは比例せず，政府財政状況（**表2参照**）に大きく左右される。関東大震災の被害は，当時のGNPの30％以上，被害額約50億円で政府一般会計の約3倍以上になったが，政府の財政状況から，財政支援は削減された。

表2　大震災の被害と救済措置

区　分	名目GNP・GDP	被害額	被害額/GNP・GDP	政府財政支援額	国地方長期債務残高	一般会計予算	国　税	被害額/国税
関東大震災 1923	約15兆円	約45-55億円	約30〜36％	約2〜6億円	約38兆円	約15兆円	約8.87億円	5.07-6.20倍
阪神大震災 1995	約495兆円	約10兆円	約2.0％	約5.2兆円	約367兆円	約73兆円	約55.0兆円	約0.18倍
東日本大震災 2011	約482兆円	約17兆円	約3.5％	約25兆円	約862兆円	約95兆円	約45.1兆円	約0.38倍

資料　朝日新聞 1013.9.2, 国税分・政府財政支援などは追加。

関東大震災の被害額に対する，政府財政支援（**表3参照**）は，今日かみると，かなり少ない。

貸付金は，補助とはいえず，補助金・利子補給の合計 1.82 億円が該当し，被害額 50 億円に対して，東京・横浜市以外をくわえても約 2.00 億円程度であり，政府財政支援率は，4.00％に過ぎない。ただ東京市復興事業 3.43

Ⅰ　東日本・阪神大震災と政府財政支援

億円に対する，国庫補助金・利子補給合計1.31億円で，補助率38.19％となる。

　ただ関東大震災では，東京・横浜市では，政府直轄事業として，区画整理などが，政府直轄事業（東京市3.25億円，横浜市0.36億円の合計3.61億円）でなされており，実質的には，政府財政支援であった。

　復興事業は，東京市3.43億円，横浜市0.61億円で，政府直轄事業3.61億円で，合計7.65億円あった。実質的財政支援は，さきの補助金・利子補給1.82億円に，政府直轄事業分3.59億円を加算すると，政府財政支援額5.43億円，東京・横浜市以外を加えて約6億円とすると，被害額50億円に対する政府財政支援は，12.00％となる。

　東京復興事業費に対する政府補助は，政府直轄事業費3.25億円を加算すると，復興事業費6.68億円で，支援額5.08億円で，76.05％の高率補助となった。もっとも政府直轄事業を加算したからであり，復興事業における国・地方の分担区分をどうみるかである。

　ともあれ関東大震災の政府財政支援は，被害総額の約12％となるが，阪神大震災の52％，東日本大震災の147％と比較すると，格段に低い。また政府一般会計の33％，国税の56％となったが，復興事業費に対する補助率は，当時の災害復旧事業補助としては，必ずしも，低い財政支援率ではなかったが，補助対象が限られていたからである。[1]

表3　政府直轄事業及補助・貸付金等復興予算一覧　　（単位：千円）

区　分	金　額	区　分	金　額	区　分	金　額	区　分	金　額
帝都復興事業	346,193	復興事業費貸付金	67,804	復興事業費補助	160,745	復興債利子補給金	21,695
東京復興費	306,678	東京市貸付金	47,077	東京市事業費補助	113,882	東京市債利子補給	17,408
横浜復興費	39,514	横浜市貸付金	5,402	横浜市事業費補助	18,538	横浜市債利子補給	4,287
その他	0	その他	15,325	その他	31,325	合　計	596,439

注　帝都復興事業は補助対象事業のみであり，一般的には4.05億円となる。
資料　復興局『復興事業概要』171・172頁。

第6に，戦前・戦後をとわず，災害国庫補助金はきわめて少なく，復旧復興事業の補助裏を，地方債で補填するのが，一般的であった。

　関東大震災でも，政府財政支援は貧弱でなかったが，それでも市債補填主義であった。ただ政府が，国内での調達をみとめず，外貨獲得の思惑もあり，東京市1.02億円，横浜市0.40億円の，地方外債発行を強要した。

　後年，この震災復興債は，為替変動で，巨額の為替差損が発生し，東京・横浜市は，塗炭の苦しみを味わう羽目になる。被災自治体の復興財源を，地方債に求めると，被災自治体の財政運営に禍根を，残す歴史的実証となった。

　要するに地方債補填方式は，被災自治体にとっては，その場は，財源が調達でき，また交付税補填措置もあるので，安堵感もあるが，後年度に地方債償還財源の増殖という，禍根を残すことになる。

　しかし，いずれにせよ災害復旧事業債の元利償還が，長期にわたり，被災自治体を苦しめた。現に昭和初期，東京市は，財政破綻寸前にまで，追い込まれた。復興事業における，地方債補填方式は，災害復興にあっては，禁じ手とすべきであった。

　第7に，戦後の震災復興への政府対応は，戦前と同様の補助金支援・地方債補填方式で，補助率引上げ・利子補給という，姑息な手法で処理してきた。最近になって，補助・利子補給方式でなく，補助・交付税補填方式へと，変貌していった。

　利子補給より交付税補填が，すぐれているが，阪神大震災でも，補助裏を，地方債で調達させる，地方債補填方式が主流で，政府の常套手段を踏襲した。阪神大震災では，交付税補填方式が，幾分，導入されたが，補填機能は，曖昧であり，しかも政府が，財政支援を惜んだので，復興財源の主流は，依然として，地方債であり，被災自治体の財政的後遺症になった。

　第8に，ちなみに関東大震災の被害額は，死者・行方不明者だけみても，10万5,000人という，未曾有の大災害で，被害を国税でみると，関東大震災は，被害の国税対比で約5.64倍，阪神大震災は，0.18倍で，阪神大震災の31.33倍，東日本大震災被害は，国税対比0.38倍で，関東大震災の被害は，

14.84倍となる。

　ただ覚悟すべきは，もし将来，関東大震災級の大災害が発生し，東日本大震災なみの政府財政支援をすると，関東大震災被害GNP33％すると，東日本大震災被害額はGDP3.5％で，関東大震災なみは9.43倍となる。

　東日本大震災の政府財政支援25兆円の9.43倍は，236兆円，DGPの50％という，途方もない支援となるが，必ずしも被害妄想の数値ではない。しかもこの金額は政府支援のみで，政府直轄事業などをふくめたトータルの復興費は，政府支援の3倍という途方もない金額となる。

　ではこの復興財源を，どう調達するのか，復興増税方式とか，復興債方式でも，無理で外債発行となるのではないか。もっとも強力な　リーダシップで，競馬収益・宝くじ収益など，公的収入を，総動員し，震災増税をすれば，不可能ではない。しかし，それでは国家経済も地域政府も，国民生活も疲弊するので，長期返済が合理性のある，選択といえる。

　しかし，政府・自治体，そして国民が，どこまで辛抱できるか，また震災時の国家財政の状況によるが，現在のように1,000兆円の借金を，かかええる状況で，大災害に見舞われると，国家財政は，破綻の危機に，瀕することは間違いない。

　この悲劇を回避するには，政府はもちろん，自治体も災害基金を，財源調整基金と，同様の重要な基金とみなし，かなりの覚悟で，積み立たてて，おかなければならない。要するに財政面での，防災・減災の適用である。

　阪神大震災における，神戸市の復興事業をみると，復興事業費を，地方債で調達し，減量経営で，償還していったとみなされているが。しかし，内実は高度成長の最盛期，外郭団体もふくめた積立金は，5,000億円あったが，平成不況で4,000億円になり，震災3,000億円以下になった。一般会計では2,000億円以下に減少している。

　要するに過去の資産の食いつぶしと，復興事業債1兆円の借金で，しのいでいる。24年度でやっと半分を，償還した程度である。

　第9に，阪神大震災の被害額10兆円は，DGP比の約2％で，政府一般会

計の約14％，国税の18.18％，被害に対する政府財政支援は，被害額の0.52倍であった。東日本大震災の被害額17兆円は，GDPの約3.5％，政府一般会計の17.89％，国税の37.69％で，国税ベースでは，東日本大震災の被害は，阪神大震災の2倍であり，阪神大震災の支援システムを，そのまま採用できなかった。

　財政支援の倍率は，阪神大震災は，被害額の0.52倍であったが，東日本大震災は，被害額の1.47倍，阪神大震災の2.83倍の財政支援となっている。財政状況の悪化した，国庫としては，かなり奮発した支援となった。

　このような大きな差となったのは，阪神大震災は，既存の財政運営システム・財源を活用して，その枠組みのなかでの，財政支援という財政抑制型であった。一方，東日本大震災は，復興増税・震災復興特別交付税といった，制度設計の変革による財政拡大型であった。

　もっとも政府財政の財源余力は，阪神大震災当時より，国・地方の長期財務残高も，2.35倍にふえており，国税も，0.82倍と低下し，国庫財政力は，脆弱化していったので，国家財政ベースでは，厳しい査定となるはずであった。

　しかし，政府財政支援25兆円となり，国税ベースでは，東日本大震災の政府財政支援は，国税の55.43％となった。阪神大震災の政府財政支援5.2兆円は，当時の国税55.0兆円の9.45％で，国税比率でみた政府支援は，東日本大震災は，阪神大震災の5.87倍となっている。

　その背景には，第1に，震災そのものが，津波被害であり，阪神大震災の火災・倒壊・局地型ではすまなかった。更に10県にまたがる，広域的災害であった。

　第2に，原発事故という，特殊な被害が追加され，東日本大震災が，尋常の災害でない，深刻な被害を，もたらした災害としての認識が，浸透していった。

　第3に，被災自治体が，大都市圏でなく，沿岸地帯の中小自治体であり，災害復旧・復興の自力遂行は，不可能という状況は，容易に理解できた。要

するに被災自治体の財政力をみても，かなり低く，まして沿岸部の小規模自治体では，とても復旧・復興事業を，従来方式では，処理できないという，地方財政負担能力の格差論が，背景にあったことは否定できない。

　東日本大震災における，政府財政支援財源の捻出という点では，補助金・地方債補填方式を脱皮し，補助金・交付税補填方式に変更し，制度設計としては，優れたシステムとなった。

　巨額の復興財源投入となり，補助裏負担の被災自治体への転嫁という，積年の弊害を，かなり淘汰でき，災害復旧・復興事業は，全額国庫負担という，理想に近づいたといえる。

　戦前，市町村は，義務教育教員費の国庫全額負担を，めざして運動を展開し，昭和15年度改革で，府県負担化で，やっと宿願を達成した。そして府県負担も，教育下渡金で50％補助，地方分与税で50％補填という，画期的システムの創設をみている。災害復旧・復興事業財政も，東日本大震災の方式を，踏み台にして，完全国庫負担化を，めざすべきである。

　要するに東日本大震災が，優遇されたのでなく，阪神大震災が，冷遇されたのである。被災自治体の財政力は，交付税による財源調整を考えると，全国同一水準であり，災害復旧費で，政府財政支援に格差が，あってはならないのである。

　しかし，現実問題として，東日本大震災は，広域災害であり，被災自治体の財政力が低いため，政府財政支援の拡充となった。東日本大震災によって，生活支援・復旧事業だけでなく，復興事業にあって，地域経済振興・生活再建への多彩な補助が創設された。

　むしろ被災自治体が，復興財源を如何に，生活再建・地域再生・経済復興に，効果的に活用できるか，被災自治体の政策立案・施策実施能力が，復興へのカギを，握っているといっても，過言でない。

　ただ大災害に対する政府財政支援の原則は，定まっていない。災害激甚法があるが，あくまで標準的基準であり，大災害には通用しない。

　第1に，政府財政支援の原則は，災害前の状況に復旧・復興すべきである。

要するに復興とは，単に公共施設の復旧だけでなく，地域経済・住民生活が，維持できる状況，すなわち震災前の経済・生活環境に，回復すべきである。

　問題は，被災自治体が，復興事業を自力でやれる財政力があるかといえば，今日の地方財政システムでは，地方税の財源調整と交付税補填で，平準化され，一般日常的行政を，するだけという状況にある。

　被災自治体の財政は，社会基盤の破壊・公共施設の倒壊にくわえて，被災者の救急・救済，地方税減収など，財政的には，さまざまの悪条件が重なり，多重債務に状況に陥ってしまう。

　この窮状からの脱皮は，自力では不可能であり，外部支援として，政府財政支援が，不可欠である。しかも日常的な対応でなく，被害状況や地域特性に応じた，財政支援でなければ，地域再生には，寄与しないであろう。

　第2に，補助金行政と同様に，どこまで政府が，支援するかの原則はなく，政府・被災自治体との間で，紛糾がおこる。常識的には復旧か，復興かといわれているが，実際は復旧すら容易でない。

　阪神大震災では，政府支援は，災害復旧のみで，復興事業は，自力でという従来の頑迷な方針に固執したため，道路・港湾が復旧されても，地域経済・住民生活が，復興されなかった。

　被災自治体からすれば，災害は天災であり，支援は，政府の責任であり，被災地は，そのため多額の国税を，納税している。したがって国税は，保険料の一種であり，災害時には返還されて，しかるべきとの論理が，成立する。

　また論理的には，100％補助で，なければならない。租税配分・交付税補填という，地方財政の財源配分の原則からみて，被災自治体は，一般行政にくわえて，余分の施策・事業の展開余力はない。

　第3に，被災自治体は，この点，市民とか企業のように，所得税格差があるわけでなく，同様には考えらえられない。要するに現行地方財政のもとでは，交付税交付団体は，生活保護者と同様であり，追加的必要経費については，全額補填となる。

　もっとも民間でも，自己責任というわけにはいかない。低所得者層には最

低限度の生活水準を回復させ，中高所得者層・企業には，震災全の状況を，回復するだけの，政府財政支援が，注入されなければならない。

　近年の復旧・復興施策では，公共施設だけでなく，公益施設にも支援がなされ，ことに民間住宅への支援が，私的所有財産への支援という，従来のタブーを打ち破り，拡充されつつある。ただ自力回復が見込まれる，大企業・高所得者層への支援は，限定される。

　被災自治体からいえば，自立回復の財政力はない。少数の交付税の不交付団体は，例外であるが，地方財政は，最低限度の行政サービスを提供する，財政力を保障されているだけで，その以上の能力はない。

　第4に，地方財政制度からいえば，大都市といえども，租税配分で是正され，その他団体との格差はなく，交付税・補助金で，100％調整されており，財政力指数は，交付税補填以前の財政力である。

　交付税補填後は，実質的には全国どの自治体，すなわち大都市も山村僻地も，財政力は，同一水準であることを，政府だけでなく，世論も認識すべきである。財政力指数が，あたかも財政力格差が，現実に存在していると，錯覚してはならない。

　東京都のような団体は別格であり，全国すべての自治体は，貧乏であり，まして被災自治体となると，通常の財政力に関係なく，救貧団体化しているのである。したがって補助裏負担は，救貧被災自治体に，追い討ちをかける，無慈悲な仕草といえるであろう。

　復旧・復興事業は，全額政府財政支援でなければ，地方財政制度からみても，理屈にあわないのである。なお東京都は，不交付団体であるが，関東大震災を想定すると，災害基金を大幅に積み立てておくべきで，潜在的需要を算入すると，実質的財政収支は，赤字ともいえる。

　第5に，阪神大震災復興を，財政視点からみた，基本的設計は，政府は，国庫の財政余力を活用するが，被災自治体には，地方債発行・交付税補填という，長期返済方式を，採用したため，震災復興の財政負担は，被災自治体を苦しめた。

震災復興事業は，達成されたが，基金の減少など，財政力は低下しただけでなく，長期の厳しい減量経営で，地域経済振興策は，低調となり，地域経済の低迷という，震災復興の後遺症となった。神戸市では，約1兆円の自己負担で，負担率約50％で，震災時の市税3,000億円の3.3倍となった。

　従来，激甚法もふくめて，通常の補助率を1/2から2/3にしたから，被災自治体は，復旧・復興事業が，できるとみなしていたが，机上演習的試算である。被災自治体は，経常的行政で，地方税・交付税などの自主財源は，全部充当しており，復旧・復興補助事業の裏負担負担能力は，ゼロである。

　補助率2/3にしたとして，補助裏1/3はどうするか。地方債で，財源的に調達できたとして，元利償還はどうするか，交付税の補填となるが，特別交付税が，どこまで面倒をみているか，どんぶり勘定なので，財源保障の信頼感は希薄である。

　第6に，問題は，補助金であれ，交付税であれ，交付が約1年おくれるので，その間の利子負担が，きわめて大きい。神戸市は7～11年度で，約1兆円の復興債を，発行したが，当時3.5％の高水準の金利で，単年度利子負担350億円となる。

　交付税・補助金の補填が，1年ずれると，つなぎ融資で，10年間で3,860億円の持ち出しとなり，被災自治体の財政力を，消耗させている。この点，東日本大震災の政府支援は，補助金主導で，しかも前倒し方式という，画期的な支援システムとなった。

　神戸市の復旧・復興事業（**表44参照**）をみても，今日も延々とつづけられている。復旧・復興事業財源内訳（**表43参照**）を，交付税補填も含めて，精査してみる。

　一般会計ベースでみると，復興事業2.16兆円，財政支援は，支出金（県支出金ふくむ）7,038億円，後でみる交付税3,121億円，で合計1.01兆円，補填率46.76％，自己負担1.15兆円，53.24％，自己負担の財源調達のため，地方債1兆円を発行したが，減量経営で，地方債償還の財源を，捻出する羽目になっている。

仙台市に場合（**表46参照**），復興財源のうち，自己負担18.51％であるが，それでも2,000億円前後の収支負担赤字となるであろう。一般行政に追加しての負担であり，いずれにしても震災復興財政運営は，苦難の連続となる。

第7に，復旧・復興事業の後始末を，減量経営で処理する方式は，回避しなければならい。神戸市は，7年度〜10年度で2,160億円の財源不足，地方債残高は，7年度〜9年度で9,938億円増加，基金は5年度2,480億円が，9年度1,682億円と，788億円の減少である。要するに1兆円の財源を，10年度で返還するには，年1,000億円の減量化であり，5年度市税3,000億円，歳入規模1兆円の財政にとっては，過酷な減量化である。

財政調整基金だけなく，外郭団体の基金まで，動員して復旧・復興事業を遂行したが，内部留保の厚い，株式会社神戸市の面影は，まったくなくなった。これでは積極的地域振興も，市民生活向上策も，展開できず，破産再建会社の状況である。

さらに災害復旧・復興事業費の国庫100％負担でも，被災自治体の自己負担率は，10〜20％が発生する。補助対象外の超過負担あり，独自事業の追加があり，国庫補助金で全部カバーできるものでない。

大災害における政府財政支援は，このような被災自治体の窮状を，回避するための施策であるべきである。しかし，現実は貧困化への，転落の軌跡であった。さいわい東日本大震災では，阪神大震災より，政府財政支援は，はるかに充実し，本来の全額政府財政支援のシステムに，近づいただけといえる。

なお神戸市の財政力指数は，震災時，5年度0.83であったが，10年後，17年度0.64にまで低下し，24年度0.74と回復基調にあるが，いまだ震災前の水準の半分しか回復していない。

第8に，東日本大震災復興の財政視点からみた，基本的設計は，国庫は，復興増税をテコに，余剰財源・資産を動員して，国庫補助金・交付税・基金積立を活用して，地方債軽減を図っていき，被災自治体への財政後遺症を，極力少なくするシステムとなった。

したがって地方債より補助金で，しかも前倒しの補助金で，事業未消化財源は，繰越金方式でなく，基金方式で弾力的に活用する方式を採用した。阪神大震災では，補助率が低くかった分だけ，地方債調達・交付税補塡方式が，基調であったが，これでは事業実施と補助金・交付税支給の時期的ギャップが発生し，利子分だけ余分の負担が，増殖される。

戦前の上下水道補助金のように，補助金が20年〜40年の分割年賦方式で，しかも後年度の補助金支給額が，多いというシステムで，政府補助は利子補給にもならない，補助金行政における，政府の姑息な節減方式に，悩まされた。

この点，東日本大震災では，補助金の実質的前倒しとして，基金方式を導入して，事業実施にあわせて，基金取崩し方式という，画期的な施設システムが導入された。

集中復興期間（平成23〜27年度）で，政府の復興支援は，復興特別会計予算で，19兆円を限度としていたが，最終的には25兆円に拡大される予定である。

これら復興事業の財源は，歳出削減・税外収入等8.5兆円，復興増税10.5兆円，日本郵政株式売却4.5兆円，決算剰余金等2.0兆円の計25兆円が，手当されている。

阪神大震災の政府財政支援約5.2兆円，被害額約10兆円の0.52倍，東日本大震災では，政府財政支援25兆円，被害額17兆円で，政府財政支援は，被害額の1.47倍で，被害からみた政府支援は，東日本大震災は，阪神大震災の2.83倍となる。

東日本大震災と，阪神大震災の政府財政支援において，制度設計・運営システムで，大きな違いがみられたのは，第1に，当時の政治・経済情勢の相違もあるが，国庫の財政事情は，今日より深刻化しておらず，財政運営の枠組みで，処理できる状況にあった。しかし，結果として，国庫余裕財源の枠組みで，復旧復興財源は限界があった。

第2に，阪神大震災は，大都市圏の比較的財政力の高い地域であるという，意識が背景にあったのではないか。そのため復旧は補助するが，復興は補助

Ⅰ　東日本・阪神大震災と政府財政支援

しないという方針が適用された。しかも関東大震災における東京市復興のような政府直轄事業の市街地復興でなく，復興局も設置されなかった。

　実際，被害は，局地的であり，東日本大震災のように，広域的災害ではなかった。しかし，狭域的であっただけに，被災自治体の財政負担は，きわめて大きくなるという，常識的論理が，理解されなかった。

　第3に，マスコミの対応も，東日本大震災では，貧困な地域への災害として，被災地域への同情が高まり，政府への財政支援を，拡大させていった。結果として，既存財政システムでは，対応できず，特定復旧財源として，震災復興増税方式となった。

　たしかに東日本大震災は，財源的には政府資金の投入は大量となり，補助金給付・交付税補填も，充分になされたが，繰り返しになるが，これが本来の政府財政支援システムであり，阪神大震災は，政治力不足もあり，従来方式の域をでなかった。

　第4に，阪神大震災では，震災直後から，神戸市の都市経営のバッシングが，マスコミで華々しく展開された。一種の天譴論であり，政府財政支援に水をさし，被害を直視し，冷静に判断する機運を，殺いでしまった。そしてサリン事件が，復興ムードに，止めをさした。

　東日本大震災の政府財政支援方式を，制度化し定着化させることは，全国自治体にとっても，きわめて重要な課題であり，復旧・復興事業の検証を通じて，復旧・復興の制度設計・運用システムの再編成への処方箋を，描かなければならない。

　この点，阪神大震災は，検証不も十分であり，災害復興への遺産を，あまり残せなかった。公益法人への国費助成の拡大ぐらいであり，市民運動による，生活再建法の制定が，むしろ画期的であるという，被災自治体としては，恥ずかしい結果となった。

　東日本大震災は，原発事故・防潮堤建設・高台移転など，阪神大震災にはない，特殊要因があり，政府財政支援の拡充は，当然である。

　しかし，政府財政支援が，潤沢であっても，個別被災自治体の特殊事情は，

多彩であり，復旧・復興予算の執行は，費用効果の実効性・地域住民ニーズとの対応など，課題山積である。

　被災地の復興事業は，基盤整備ができても，必要条件であり，地域経済・住民生活の再生という，十分条件を，どう達成していくかという，被災自治体の政策・実施能力が，ためされる。

　ここでは政府財政支援と，被災自治体財政との関係に絞って，検証しいき，災害復興における，あるべき財政設計を，探っていきたい。もっとも経済復興・生活再建など，おおくの戦略課題があるが，それらは災害復興の経済政策・地域社会学・地域経営学の課題として，別途追求すべき課題であり，割愛した。

I 東日本・阪神大震災と政府財政支援

2 大震災と地域経済・社会への衝撃

　災害は，地域社会に，大きな打撃をあたえ，経済復興・生活再建を困難にする。したがって災害復旧でなく，災害復興でなければならない。しかも災害復旧は，社会資本の復旧であり，従来からの基盤復旧であり，大きな問題はない。

　しかし，災害復興は，災害復旧にくらべて，被災自治体の政策能力・実施戦略が，求められる。さらに経済復興にくらべて，生活再建は，被災自治体が，サービスネットワークとか，キメ細かいサービスとか，行政がもっとも，苦手とする分野で．地域再生は難航する。

　ただ大災害に見舞われても，潜在的地域経済の差によって，復旧・復興状況は，大きくことなってくる。阪神大震災における，神戸市の区別人口（**表4参照**）をみても，兵庫・長田区といった，いわゆるインナーシティ地区は，震災から17年たった今日でも，人口は回復しておらず，長田区の人口は，23.34％減のままで，将来さらの減少のおそれがある。

　神戸市は，地下鉄海岸線を建設して，インナーシティの活用化を，めざしているが，"誤謬の選択"ではないか。一方，通勤住宅地区である，東灘・灘区，郊外ニュータウンの西・北区の人口は伸び，都心の中央区も，住宅の都心回帰

表4　神戸市区別人口推移　　　　　　　　　　（単位：人）

区分	東灘区	灘区	中央区	兵庫区	長田区	須磨区	垂水区	西区	北区	合計
平6	191,540	124,891	111,536	117,918	130,466	188,863	237,781	199,951	216,036	1,518,982
7	157,599	97,470	103,710	98,852	96,807	176,500	240,258	222,163	230,471	1,423,830
10	182,228	113,657	107,937	102,908	108,553	171,637	224,711	235,580	228,131	1,475,342
12	191,309	120,518	107,982	106,897	105,464	174,056	226,230	235,758	225,184	1,493,398
17	206,037	128,050	116,591	106,985	103,791	171,628	222,729	243,637	225,945	1,525,393
24	211,816	134,291	127,891	107,100	99,977	165,323	220,212	249,478	225,800	1,542,128

資料　神戸市『神戸市統計書』

で，超高層住宅ビルのラッシュで，人口に増加に転じている。

　阪神大震災の被害は，一部，大阪府にも及んだが，被害は，神戸市と西宮・芦屋市と，淡路北部の町に集中して発生した。これら被災自治体の人口動向（**表5参照**）は，阪神間の西宮市は，12年には人口が，回復しているが，成長性の高い都市にあっても，人口回復に5年をついやしている。もっとも22年には48.3万人と，震災時より約9万人の増加をみている。

　淡路島の北淡町は，従来から人口減少傾向にあったが，震災後の減少をつづけて，10年後10％の減少をみていが，平成の町村合併で，被災自治体は，再編成されていった。

表5　西宮・芦屋市・北淡町の人口　　　　　　　　　　　　（単位：人）

区分	平6	平7	平8	平9	平10	平12	平15	平22
西宮市	424,328	390,389	390,792	397,718	407,687	438,105	456,037	482,640
芦屋市	86,630	75,032	74,562	74,922	76,212	83,834	89,267	93,233
北淡町	10,889	10,687	10,578	10,425	10,334	10,218	9,917	―

資料　兵庫県『兵庫県統計書』

　被災自治体といって，復興は基盤整備だけでなく，地域振興での，人口回復が，復興のバロメーターとなる。東日本大震災の沿岸被災自治体は，第1次産業が，中心であり，基盤整備だけでは，地域再生は困難で，地方経済・社会の再生ビジョンを，どう推進していくか，高次の地域経営戦略が，求められる。

　東日本大震災では，中枢都市の都心部は，さいわい被害を免れたが，沿岸市町村は，津波で根こそぎ，工場・事務所もふくめて，主要施設が破壊され，地域経済・社会の復興は，前途多難である。

　なによりも地域の破壊で，まず地域を，支える人口状況をみると，第1に，災害で人口は，死亡者数だけ減少するが，震災が誘因となって，人口流出が加速される。

　東日本大震災では，2010年1月を100として，2013年1月をみると，

全国人口は，ほど横ばいであるが，被災 3 県人口は，震災時 100 として 98，被災 3 県沿岸市町村（仙台市除く）は，95 である。また被災 3 県沿岸市町村（仙台市除く）をみると，福島・宮城県は 94 であるが，岩手県は 92 と，岩手県の減少率が大きい。

個別町村の人口推移（**表 6 参照**）をみと，震災前から人口は，減少傾向にあった。すべての市町で，17・22 年国勢調査の 5 年間に，人口が減少しており，南三陸町では，17・22 年国調の 5 年間で，9.34％減であったが，23・24 年の 1 年間で 8.8％と，減少を加速度させている。

原発立地の女川町でも，17・22 年国勢調査の 5 年間の人口減 6.3％，23・24 年の 1 年間で 14.1％の激しい人口減に，見舞われている。震災による避難での，一時的人口流出か，経済打撃による，構造的減少かは，不明であるが，構造原因となると，復興事業による，地域活性化施策でも，容易に回復しないであろう。

表 6　被災市町の人口推移　　（単位：人）

区　　分	釜石市	大槌町	女川町	南三陸町	双葉町	大熊町
17 年国調	42,987	16,516	10,723	18,645	7,170	11,515
22 年国調	39,574	15,276	10,051	17,429	6,932	10,992
23 年台帳	39,464	15,979	9,698	17,063	6,939	11,505
24 年台帳	37,590	13,249	8,335	15,063	6,589	10,962

資料　総務省『市町村決算統計』

このような人口減少過程で，被災自治体は，生活再建でも，低所得者層・高齢者・障害者・失業者など，いわゆる社会的弱者救済をどうするか，人口過疎地域の生活サービスをどう供給するが，公共投資・サービスだけでは，解決されない難問に，直面することになる。

注

（1）昭和期の9年度大災害の全国被害は，約6.30億円，復旧事業0.73億円，国庫補助金0.39億円，補助率53.42％であったが，被害額に対する政府財政支援は6.19％であった。もっとも利子補給があったが，事業費支出と，利子補給支出のズレで，発生する被災自治体の利子負担と相殺勘定になり，政府財政支援の上乗せとはならなかった。ただ昭和期の災害復興事業費への補助率は，20～80％で，連年災害などでかさ上げ措置が導入されていた。

II　震災復興と政府支援の特例措置

1 阪神大震災と政府財政特例措置

　震災復旧・復興事業は，無数の問題を，かかえているが，被災自治体の財政問題は，軽視されてきた。多くの財政復興誌・レポートをみても，簡略に扱われている。

　しかし，復興財源が多いか，少ないかだでなく，復旧・復興財政の財源配分・負担区分が，適正でなければ，財政的後遺症が大きくなり，災害復興のみでなく，地域再生・生活再建の阻害要素にもなりかねない。

　ことに震災財政は，政府財政支援が，カギを握っているが，その制度設計・運用システムは，どのような状況で，あったかをみてみる。基本的なパターンは，通常の補助対象・補助率・裏負担措置の引上げで，法的根拠が，激甚法であるが，実際は，さらに無数の特例法・措置が，設定されている。

　阪神大震災でも，当然，災害激甚法が，適用されたが，多くの特例措置が，追加された。「阪神・淡路大震災に対処するための特別の財政援助及び助成に関する法律」(平成 7 年 3 月 1 日法律第 16 号) が制定され，優遇・かさ上げ措置 (表 7 参照) で，多くの公共施設だけでなく，公益施設についても，補助対象をひろげ，補助率を引き上げた。

表 7　阪神大震災特別財政援助法による主要国庫補助の特例措置
1　公立社会教育施設災害復旧事業費 2/3 補助 (補助事業債 100%，交付税措置 95%，単独事業債 100%，交付税措置 47.5 ～ 85.5%)
2　公立福祉・衛生・医療施設復旧 2/3 補助 (補助事業債 100%，交付税措置 95%)
2　社会福祉施設で激甚災害法対処外施設も 2/3 補助 (単独事業債 100%，交付税措置 47.5 ～ 85.5%)
3　水道施設の災害復旧事業 1/2 ～ 8/10 補助

4 一般廃棄物処理施設の災害復旧事業 8/10 補助
 5 火葬場・と畜所・公立病院の災害復旧事業 2/3 補助
 7 民間病院・看護婦宿舎の災害復旧事業 1/2 補助，私立学校等災害復旧費 1/2 補助
 9 消防庁舎 2/3 補助（単独事業債 100%，交付税措置 47.5～85.5%）
 8 公園・街路・都市排水・上水道施設 8/10 補助（単独事業債 100%，交付税措置 47.5～85.5%）
 9 消防防火施設の災害復旧事業 2/3 補助
 10 鉄道災害復旧事業国庫 1/4 補助，県 1/8 補助（復旧事業債 100%，交付税措置 47.5～85.5%）
 11 神戸港埠頭公社の岸壁等の施設災害復旧事業費 8/10 補助，市補助 2/10（市復旧事業債 100%，交付税措置 47.5～85.5%）
 13 神戸市港湾機能施設の災害復旧事業；復旧事業額・財政力の関係で 0～100%（補助事業債 100%，交付税措置 95%）
 14 阪神高速道路の災害復旧事業 8/10 国庫補助，1/10 県補助，1/10 市 (市復旧事業債 100%，交付税措置 47.5～85.5%)
 15 民鉄・第3セクター鉄道 1/4 国庫補助金，1/8 県補助，1/8 市補助 (市復旧事業債 100%，交付税措置 47.5～85.5%)
 15 事業協同・商店街振興組合の災害復旧事業 1/2 補助
 18 農業施設 1/2～9/10 国庫補助金（補助事業債 100%，交付税措置 95%，単独事業債 100%，交付税措置 47.5～85.5%）
 16 農林水産協同利用施設・農地・農業用施設の災害復旧事業補助率の引上げ
 18 行政・消防舎補助なし（単独事業債 100%，交付税措置 47.5～85.5%）
 20 災害関連急傾斜地対策事業 1/2 国庫負担，30～45%県負担，5～20%市負担（地方債・交付税措置なし）

資料 総理府『阪神・淡路大震災復興誌』36 頁，神戸市『阪神大震災復興誌』480/483 頁。

　注目すべきは，第1の優遇措置は，補助率の引上げで，災害復旧事業は，廃棄物処理施設など，一部は 8/10 であるが，原則 2/3 である。ただ土地区画整理事業などは，復興事業とみなされ，補助率 1/2，交付税補填率 36%の少ない財政支援で，放置されたままであった。

　第2の優遇措置は，地方債拡大と，その交付税補填特別措置で，第1に，単独災害復旧事業債にかかる，元利償還金は，従来，各団体の財政力におう

じて，28.5％〜57.0％が，普通交付税の基準財政需要額に，算入されていたが，その算入率を47.5％〜57.0％に引上げられた。

しかし，財政力におうじて，災害復旧・復興事業の国庫補助率に格差を，設定するのは，さきにみたように論理的に不合理な措置である。

第2に，災害廃棄物処理（がれき処理）について，倒壊前の解体経費を含めて，国庫補助金対象（補助率1/2）とし，残りの地方負担額（1/2）の全額を，災害対策債発行として，その元利償還金費の95％（従来57％）を，特別交付税で，措置することになった。

しかし，これらの措置によって，被災自治体の負担率は，2.5％になると考えられているが，建物倒壊費・がれき運搬費にあってはともかく，処分費で市費負担が発生した。神戸市のように六甲山系に，巨大なごみ埋立処分地をもっていたので，阪神間のごみも，一手に引き受けたが，通常は有料が，災害時は無料となったので，巨額の使用料損失となった。

災害による被害は，直接的物的被害より，間接的経営的損失という被害が，測り知れないほど大きい。都市自治体では，交通・水道・病院・保育所・文化施設などの使用料収入の減収だけでも莫大となるが，交付税での補填はほとんどなく，しかも人件費をはじめとする維持運営は，平時のままである。

第3に，地方税の減免・減収対策として，歳入欠陥債を，大幅にみとめ，地方税等減免減収額については，その全額について，地方債発行をみとめ，その元利償還金について，府県80％，市町村75％（いずれも従来57％）を，特別交付税措置となった。

第4に，災害救助事業に対する国庫負担金（府県80/100以上）を，除いた地方負担額の全額について，災害対策債の発行を認め，元利償還金の95％を，特別交付税措置となった。

このような救助・復旧・復興事業をめぐる，改善措置によって，主要事業（**表8参照**）について，裏負担の交付税補填95％が，一般化していったが，復興事業については，区画整理事業にみられるように，厳しい措置を覆すことに失敗している。

II 震災復興と政府支援の特例措置

表8 府県・指定都市災害関係事業方式・財源負担割合

区 分	事業主体	経由機関	財政補助状況
災害廃棄物処理	市町村	なし	国庫 1/2,市町村 1/2,交付税算入率 95%
仮設住宅建設	市町村	府県	国庫 4/5,府県 1/5,交付税算入率 95%
避難所の管理	市町村	府県	国庫 4/5,府県 1/5,交付税算入率 95%
給食の提供	市町村	府県	国庫 4/5,府県 1/5,交付税算入率 95%
土地区画整理	市町村	なし	国庫 1/2,市町村 1/2,交付税算入率 36%

出典 高寄昇三『阪神大震災と自治体の対応』212頁。

表9 震災復興特別重点事業に対する財政特例措置要望(神戸市)(単位; 億円)

事業名	要望内容	事業費	実質市負担額 現行	実質市負担額 実現後
災害公営住宅(6,000)戸	・用地費に対する国庫補助制度の創設	1,440	1,440	360
特定優良賃貸住宅事業(7,500戸)	・建設事業者に対する補助(4/5)の裏負担(1/2)への地方財政措置の創設	360	180	36
住宅市街地総合整備事業(市建設 2,500戸)(民間建設 3,000戸)	・従前居住者用受皿住宅建設に対する補助率引上げ・地方財政措置の拡充 ・民間建設事業者に対する補助(4/5)の裏負担(1/2)への地方財政措置の拡充	1,075 120	359 60	54 12
公共再開発事業(復興 2 事業)	街路部分の補助率引上げ・地方財政措置の創設	250	125	17
	公園部分の補助率引上げ・地方財政措置の創設	132	68	13
	防災施設部分の補助率引上げ・地方財政措置の創設	62	24	4
	・一般会計補助率(1/3→2/5)の平成8年度以降の継続	969	641	581
民間等再開発事業(3事業)	施行者に対する補助(2/5・1/3)の裏負担への地方財政措置の拡充	103	26	5
区画整理事業(復興 6 事業、東部新都心)	・一般会計・特別会計の補助率引上げ・地方財政措置の拡充 ・公園部分の補助率引上げ・地方財政措置の拡充	2,003 500	1,002 258	135 31
街路事業(復興 10 路線)	・補助率引上げ・地方財政措置の拡充	470	235	31
公園事業(3 事業)	・補助率引上げ ;用地 ・地方財政措置の拡充 ;施設整備	499 331	326 255	64 50
合 計		8,314	4,999	1,412

注 原則、10年間の市負担額。
資料 高寄昇三『阪神大震災と自治体の対応』217頁。

なお神戸市など，大都市の政治力は，全国的にみて貧弱であったが，大震災の被害に直面して，政府へ猛烈な陳情によって，**表9**にみられるように，市街地復興事業を，中心に3,500億円余の財源を，獲得している。この約3,500億円は，神戸市市民の生活再建，神戸経済の復興振興に，なりよりの特効薬となったが，それでも1兆円の自己負担が，発生した。

　阪神大震災では，政府財政支援（一部政府・外郭団体直轄事業をふくむ）は，既存の災害復旧・復興支援の，枠組みのもとでの，補助率の引上げ・交付税での補填という方針であった。阪神大震災に対する，政府財政支援は，平成6～11年の予備費・補正予算は，総額5兆200億円（**表10参照**）であった。(1)

　阪神大震災の政府財政支援をみると，高率補助の裏負担を，地方債で財源調達し，その地方債元利償還費を，交付税で補填するシステムが，採用されている。被災自治体の負担は，かぎりなくゼロに接近しているが，実際は神戸市の復旧・復興事業（一般会計）をみても，約50％，約1兆円の自己負担が，発生している。

　その原因は，復旧・復興事業の超過負担，地方債発行と，交付税補填とのズレによる利子負担，単独自主事業の発生であるが，救済事業・復興事業などでの，制度どおりに施策・事業が運営されても，損失が発生し，事業者の自己負担となっている。(2)

　さらに復旧・復興事業は，被災自治体だけでなく，外郭団体・民間企業など，多くの団体が事業を，展開していった。被災自治体として，傍観するわけにもいかず，かなりの支援を拡充し，注入しているが，政府支援の網の目から，多くはもれていた。

　政府財政支援に，さまざまの問題があったが，それでも復興事業として，阪神大震災は，それなりの政府財政支援を獲得しているが，全額国庫負担には，ほど遠い窮状にあった。

　なお政府支援の内容は，阪神高速道路公団をはじめ，インフラ復旧事業費補助が，かなりの金額となっている。神戸市としては，神戸港復旧費6,700億円への補助は，大きな財政支援であった。

このような公共投資傾斜の配分に，生活軽視の批判もみられたが，住宅建設のように生活再建の整備も 7,200 億円と，大きな財政支援をうけている。また教育・福祉・医療などの公益施設も，生活支援とみなすことができ，弔慰金・生活支援金だけが，生活復興費ではない。

表 10　阪神・淡路大震災関係政府財政支援額

1　応急仮設住宅の建設等の災害救助費；1,800 億円
2　災害弔慰金等の支給及び災害援護資金の貸付；1,400 億円
3　がれき処理に要する費用；1,400 億円
4　地すべり・がけ崩れ対策をはじめとする第 2 次災害防止対策；1,100 億円
5　神戸港等の復旧・整備；6,700 億円
6　阪神高速道路の復旧費（2,100 億円）をはじめとする各種のインフラ（道路・河川・下水道・鉄道・通信・電気・ガス等）の早期復旧及び整備；1 兆 4,000 億円
8　橋梁等公共施設・官庁施設等の耐震性の向上策；4,700 億円
9　公的賃貸住宅等の早期・大量供給及び個人の自力住宅再建等支援；7,200 億円
10　復興土地区画整理事業等市街地整備に要する費用；2,900 億円
11　保健・医療・福祉の充実；800 億円
12　文教施設の早期復旧及び被災児童に対する支援；1,500 億円
13　中小企業対策（2,000 億円）をはじめたする経済の復興;2,200 億円
14　その他;4,400 億円（うち雇用維持・失業防止 100 億円，農林水産施設の復旧整備 900 億円，地方交付税交付金の追加 300 億円）

資料　『阪神・淡路大震災復興誌』131 頁。

2　東日本大震災と政府財政特例措置

　東日本大震災でも，おおく財政関連特別法が設定され，補助裏交付税・地方債増発でなく，直接的な補助金主導主義という方針（25年2月26日）が，採用された。

　政府の復興支援（一部政府・外郭団体直轄事業をふくむ）は，復興特別会計予算（**表11参照**）で，平成23年度15兆1,697億円，24年度4兆931億円，25年度概算要求4兆3,840億円で，合計23兆6,468億円となり，将来的にはどこまで膨張するか原発事故救済を考えると，予測は困難である。

　これら復興事業の財源は，歳出削減・税外収入等8.5兆円，復興増税10.5兆円，日本郵政株式売却4.5兆円，決算剰余金等2.0兆円の計25兆円が，手当されている。[3]

　東日本大震災では，政府財政支援でも，基本的には，従来の災害救助補助より，「東日本大震災に対処するための特別援助及助成に関する法律」（平成23年5日2日）などの特別法などで，補助率引上げ・交付税への歳入などの優遇措置が，定められている。

　また「復興財源確保法」（平成23年11月30日）を制定して，特別増税を実施しているが，被災団体への政府財政支援特例措置をみると，「災害対策基本法」（昭和36年法律第223号），「災害救助法」（昭和22年法律第118号），「激甚災害法」などによって措置された。

　しかし，被害が甚大だけでなく，「財政基盤の脆弱な団体が多いこと」（『地方財政白書平成24年版』153頁）から，特別の措置がとられた。ことに震災特別交付税を創設し，一般の特別交付税6％の枠組みの枠外とされ，震災復興の国庫補助事業の裏負担分の原則，全額措置とした。

　東日本大震災では，被災自治体にとって，東日本大震災財政特例法の改正

で，国庫補助率を，従来の原則，50％から80％に切り上げ，また地方負担（20％）のための基金積み増し分について，特別交付税で，全額手当されることになった。

表11　復興関係予算　　　　　　　　　　　　（単位：億円）

23年度1次補正 (23年5月2日)	23年度2次補正 (23年7月25日)	23年度3次補正 (23年11月21日)	24年度当初予算 (24年4月5日)	24年度補正予算 (25年2月26日)	25年度当初予算 (25年5月15日)
災害救助等 4,829	原子力損害賠償 2,754	災害救助費 941	被災者支援 920	インフラ復旧・まちづくり 1,970	被災者支援 1,883
災害廃棄物 3,519	二重債務対策費 774	災害廃棄物 3,860	まちの復旧・復興 11,854	原子力災害復興費 706	まちの復旧・復興 16,670
災害公共事業 12,019	生活再建支出金補助 3,000	公共事業追加 14,734	産業振興・雇用確保 2,920		産業振興・雇用確保 3,075
施設費災害復旧 4,160	復旧・復興事業予備費 8,000	災害関連融資 6,716	原子力災害復興・再生 4,655		原子力災害復興・再生 7,264
地方交付税 1,200	地方交付税 4,573	地方交付税 16,612	災害特別交付税 5,490		災害特別交付税 6,053
その他 8,018	その他 5	震災復興交付金 15,612	国債整理基金への繰入 1,253		復興加速化・福島再生予備 6,000
		原子力災害復興費 3,558	全国防災対策費 4,827		国債整理基金への繰入 662
		全国防災対策費 5,752	復興予備費 4,000		全国防災対策費 1,274
		その他 24,631	震災復興調整費 83		震災復興調整費 145
			その他 1,751		その他 815
計 40,153	計 19,106	計 24,631	計 37,754	計 3,177	計 43,840

資料　復興庁『復興の現状と取り組み』平成25年7月2日70・72頁。

　震災関連費の配分・実施における特例制度・措置としては，第1に，復興交付金による公共事業の加速度的，かつ弾力的な運用による事業実施である。一種の包括的補助金で，5省40事業が対象とされた。
　復興交付金は，事業3兆288億円，国費2兆4,397億円が，25年度までで予算化され，実施されている。具体的には，防災集団移転促進事業（28市町村；218地区，3.2万戸）約4,693億円，災害公営住宅整備事業（56市町村；1.7

万戸）約 4,729 億円，道路事業（47 市町村）約 2,308 億円，水産・漁港関連施設整備事業(34 市町村)約 1,695 億円，都市再生区画整理事業(20 市町村)約 1,335 億円，農地整備・農業用施設等整備事業(35 市町村) 約 939 億円などである。

地方負担については，基幹事業については，国庫補助金を 50％追加し，補助裏負担を原則，全額を交付税で補填する。さらに事業執行を容易にするため，基金を設定して，繰越などを容易にした。25 年度予算をふくめて，事業費 3 兆 288 億円，国費 2 兆 4,397 億円が復興交付金として配分されている。しかし，運用については，批判がなされている。[4]

市町における具体的事業（**表 12 参照**）をみると，災害住宅・区画整理・高台移転・道路整備が，主要事業で，付帯事業として水産関連事業・生活福祉事業が行われている。しかし，これら事業は，補助事業を，統合化したといっても，交付税化された事業でなく，基本的には補助事業である。

むしろ復興交付金は，関連事業の 1 割程度は，本来の交付金化とし，被災自治体の一般財源化し，土木関連事業は，補助金化したほうが，補助基準も明確となり，事業遂行も，円滑にいくのではないか。

表 12　復興交付金の活用事例

岩手県大槌町（配分額：事業費 878 億円）	宮城県南三陸町（配分額：事業費 897 億円）
○防災集団移転促進事業（6 地区，263 億円）	○防災集団移転促進事業（20 地区，345 億円）
○災害公営住宅の整備（247 億円）	○災害公営住宅の整備（148 億円）
○水産加工団地及び民間水産加工工場整備（59 億円）	○水産加工工場整備（57 億円）
○復興まちづくりと一体となった道路整備（14 事業，46 億円）	○復興まちづくりと一体となった道路整備（18 事業，104 億円）
（その他，以下のようなきめ細かいニーズに対応）	○津波復興拠点整備事業（2 地区，54 億円）
○町所有のさけますふ化場等の整備（7 億円）	○土地区画整理事業（都市計画決定；60.2ha, 26 億円）
○災害公営住宅のピロティ部分を駐車場に整備（0.5 億円）	（その他，以下のようなきめ細かいニーズに対応）
○中学校仮設運動場の整備（0.5 億円）	○漁港施設用地の嵩上げ（13 漁港，2 億円）
○公営住宅長寿命化計画策定（0.1 億円）等	○シロサケふ化場整備（0.3 億円）
	○子育て支援（保育所等）拠点整備（0.1 億円）

出典　復興庁『復興の現状と取り組み』(平成 25 年 9 月 25 日)87・88 頁。

Ⅱ　震災復興と政府支援の特例措置

　第２に，震災復興関連基金の活用である。政府は，防災集団移転促進円滑化のための基金財源（岩手県215億円，宮城県709億円，福島県103億円）を交付して，制度的特定目的基金を設定させたが，各被災自治体で，事業前倒し補助を，繰越金とせず，裁量的特定目的基金を，多く設定した。
　さらに従来からの包括的復興基金（**表13参照**）も，「取り崩し型基金」として創設された。補助事業などできめ細かな対応が，できないので，従来，復興基金が，設置されてきた。
　阪神大震災復興基金では，金利が３％前後であったので，兵庫県・神戸市が，9,000億円を拠出し，基金を設置し，その金利を施策費に充当し，その金利の95％を，交付税でみるシステムであった。
　ただ阪神大震災では，全額兵庫県の一括管理運営方式であったが，東日本大震災では，，復興基金の半分を，市町基金として，より即応的弾力的運用にまかせた，地域分権方式を採用した。
　東日本大震災では，金利が１％以下であったので，交付税で基金財源を措置し，基金を取り崩す方式が採用された。しかも基金規模は，１兆9,833億

表13　取り崩し型基金の各県の活用状況　　（単位：百万円）

区分	基金規模	特別交付税措置	県 配分額	県 活用済額	市町村 配分額	市町村 活用済額
青森県	8,000	8,000	4,000	1,461	4,000	1,130
岩手県	42,600	42,000	21,600	11,271	21,000	7,694
宮城県	66,000	66,000	33,000	13,558	33,000	11,212
福島県	57,000	57,000	28,500	14,086	28,500	12,189
茨城県	15,733	14,000	8,733	3,919	7,000	4,725
栃木県	4,000	4,000	2,000	1,245	2,000	1,137
千葉県	3,000	3,000	1,000	0	2,000	1,379
新潟県	1,000	1,000	500	350	500	388
長野県	1,000	1,000	408	0	592	238
合計	198,333	196,000	99,741	45,890	98,592	40,092

資料　復興庁『復興の現状と取組』（平成25年7月2日）92頁

円と，阪神大震災の約5倍となっている。しかも阪神大震災では生活再建支援金の制定まえであり，実質的には生活再建支援金をふくんでいるが，東日本大震災が，生活再建支援金は，別枠組みで，2,706億円で措置されている。もっとも運用についても，批判がなされている。[5]

東日本大震災における政府財政支援の拡充については，第1に，避難所・仮設住宅などの応急災害救助について，災害救助法で，特別基準が設定された。たとえば都道府県が支弁した，災害救助費に対する国庫負担の地方負担分については，その全額を災害対策債で対処し，元利償還金の95％を，普通交付税で措置する。

第2に，災害廃棄物処理費は，通常1/2（阪神大震災）を，9/10まで嵩上げする。地方負担分は，全額（阪神大震災95％）を災害対策債で措置し，特定市町村は，負担分の元利償還を，交付税で100％措置する。

第3に，災害弔慰金について，補助率を従来の50％から，80％に引上げられた。被災者生活再建支援金については，補助率を従来の50％から，80％に引上げられ，地方負担分については，特別交付税により全額補填されることになった。

第4に，水道・改良住宅・交通安全・都市計画・廃棄物処理施設など，阪神大震災では8/10が限度であったが，限度補助を9/10まで引上げた。

第5に，交付税の12・3月の交付を，4・9月に特別交付税を，繰上げ交付し，その資金繰りを円滑にする。

第6に，地方債の特例として，「東日本大震災財特法」で，「地方財政法」「災害対策基本法」の規定にかかわらず，歳入欠陥債を，発行できるとした。

第7に，応急救助・被災者支援などの特別需要に対する，特別交付税を，特例法をもって，1,200億円（23年度）を交付している。また復旧・復興事業の需要に対して，1.66兆円の特別交付税（23年度）を交付した。

第8に，「被災者生活再建支援法」による国庫負担率を，従来の1/2から8/10にする。都道府県の追加負担の全額を，地方交付税で，手当されることになった。

第9に，復旧・復興事業を，円滑にすすめるため，公共事業（5省40事業）を，復興交付金（23年度1.56兆円）として，交付した。

　第10に，住民生活・地域再生のための被災地のニーズに即応するための復興基金については，低金利状況にかんがみ，取り崩し型基金（23年度1,920億円）とした。

　ただ政府予算措置は，迅速になされたが，被災自治体，殊に市町職員の人的損失も甚大で，財政指標に対して，予算執行率が悪く，復興事業の実績があがっていない。[6]

　全国地方財政統計（**表14参照**）でみると，第1に，震災関連歳入（**表13参照**）では，通常収支分95.4兆円に対して，災害復興分構成比5.3兆円，5.61％となっいる。また震災関連歳出は，通常収支分95.5兆円，災害復興分構成比4兆4,910億円，4.70％となっている。

表14　東日本震災復興分歳入決算（平成23年度）　　　（単位：百万円）

区　分	府県 決算額	構成比	市町村 決算額	構成比	純計合計 決算額	構成比	22・23年度差引通常収支分 増減額	増減率
一般財源	905,832	22.9	510,595	34.2	1,416,427	28.1	78,953	0.1
うち震災復興特別交付税	486,722	12.3	326,726	21.9	813,449	16.2	―	―
国庫支出金	2,131,674	53.8	553,455	37.0	2,684,829	53.3	-957,886	-6.7
うち普通建設事業費支出金	311,674	7.9	24,707	1.7	336,381	6.7	-1,186,772	-47.5
うち災害復旧事業費支出金	152,374	3.8	97,649	6.5	250,023	5.0	39,548	48.1
都道府県支出金	―	―	295,071	19.8	―	―	-1,444,676	-11.1
地方債	176,975	4.5	295,071	4.9	235,426	4.7	-152,771	-0.9
その他	745,396	18.0	73,467	4.1	697,842	13.9	-152,771	-0.9
合計	3,859,577	100.0	61,433	100.0	5,034,524	100.0	-2,476,379	-2.5

資料　『地方財政白書25年版』資143頁。

　注目すべき点は，東日本大震災分が激増した分，22・23年度差引で，地

方財政全体の通常収支分が，2.5％減少していることである

　通常分との因果関係は，必ずしも明白ではないが，歳入では，地方財政全体2兆4,764億円減で,歳出では,2.63兆円減,数値的には,全国地方団体が,日本大震災復興への拠出したことになる。

　通常分の歳入項目では，22・23年度差引で,国庫支出金0.96兆円減,6.7％減．都道府県支出金144億円減，11.1％減，地方債1,528億円減，0.9％減である。ことに国庫支出金普通建設費支出金は，災害復旧事業費支出金が，48.1％激増したあおりで，47.5％減と，大幅な削減となっている。

注

(1) 政府の被災自治体への財政支援のなかには，震災関連費として国費で処理すべき予算が，後年度になると混入されている。阪神大震災の平成11年度をみると，科学技術庁「地震防災フロンティア研究の推進」(2.8億円)，郵政省「アジア・太平洋地域における情報通信基盤技術の開発」(5.3億円) などである。

(2) 卑近な事例では，災害援護貸付金は，3分の2補助であるが，貸倒れ分は，被災自治体負担で，神戸市では約10億円が予想される。また優良民間賃貸住宅でも，約80億円の事業損失が発生している。これらの損失は，制度設計の悪さが，大きな原因である。神戸市の区画整理・市街地再開発事業となると，補助対象外負担・事業損失額は，500億円とさらにふくらむ。

(3) 復興庁『復興の現状と取り組み』(平成25年9月25日) 70～75頁。

(4) 第1に，復興交付金事業の位置付けが不明確で，事業実施が可能となる「甚大な被災地域」の考え方や，他の補助（社会資本整備総合交付金等）との区分が曖昧。第2に，規定と運用のずれ，事業実施要綱など，明文化された規定と実際の運用に差，そのとき復興庁の判断に大きく左右され，見通しを立てることが困難。交付される事業費の期間のルールもなし。第3に，効果促進事業の「使い勝手の悪さ」。1つ1つの事業を国（復興庁）でチェック。形式要件だけでなく，事業の必要性についても指摘，「35％」の枠には組みとうてい届かず。第4に，必要な総額の確保への懸念。被災団体の実際の事業実施ペースとかけ離れた前倒しの予算措置。多額の繰越・不用額が生じる一方で，事業終了までしっかりと必要な予算が確保されるのか不透明といわれている。仙台市財政局『東日本大震災による財政zへの影響と対応策等について』参照。

(5) 運用の問題として，「各市町村への配分のみならず，その管理・運営を県に丸なげしたので，直営方式や事業メニューの提示など官（県）主導の基金運営となってそまい，民間部門の細かいソフト事業がおろそかになっている」また基金の運用について，「民間からの人材と知恵も入れ，自然に新鮮な事業メニューが生まれ，活用され，かつ内容が外部に良く分かる形にするためには，財団方式の復興基金」とすべきといわれている。豊田利久「東日本大震災における復興基金の役割」日本災害復興学会大阪大会講演論文集 (2013.10.12-14 大阪) 44頁。

(6) 23年度補正分の執行状況 (24年度末) で，被災者支援69.2％（執行額3,523億円），インフラ等復旧・まちづくり56.1％（執行額2兆6,563億円）で，繰越額

1兆3,707億円も発生している。産業振興・雇用の確保66.6％（執行額5,415億円），原子力災害からの復興・再生42.6％（執行額3,690億円），地方交付税交付金100％（執行額6,704億円），全国防災対策66.1％（執行額6,911億円），その他復興事業93.6％（執行額1兆億円323億円）で，全体予算9兆7,402億円のうち，支出済額1兆2,240億円，翌年度繰越2兆2,030億円，不要額1兆2,240億円，執行率64.8％，繰越率22.0％，不要率12.6％である。復興庁『復興の現状と取り組み』（平成25年9月25日）74・76頁参照。

III　被災自治体の財政変動の分析

1 阪神大震災と兵庫県の復興財政

　全国ベースでは，震災関連財政は，数％であるが，被災自治体では，財政規模は，震災前の2・3倍となり，異常な財政運営となった。ただ戦後だけをみても，災害に関する財政支援は，拡充されていったので，被災自治体の財政負担は，緩和されていったが，それでも復旧・復興をめぐる，財政負担は，深刻な傷跡を残した。

　ここでは東日本大震災と，阪神大震災との，被災自治体の復興財政を，比較しながら，政府財政支援の問題を，分析してみる。なお阪神大震災は，平成7年1月17日に発生しており，6年度に補正予算が，編成され執行されたので，平年度は，5年度となる。

　東日本大震災は，23年3月11日に発生し，会計年度では，22年度であるが，実際の支出は，23年度になってから，補正予算を編成して，対応しており，平年度は，22年度となる。

　まず兵庫県の財政状況（**表15参照**）をみると，5年度1兆5,019億円が，6年度補正があり，震災復興予算は，スタートしている。5年度歳入比で，6年度13.04％増，7年度50.25％増，8年度32.37％増と，6年度は応急施策だけで，伸びは小さいが，7・8年度と，本格的救済・復旧がはじまると，大きく伸びている。

　ただ9年度は，5年度比18.3％増と，増勢は衰えたが，10年度27.38％と，再度，増加傾向をしめしている。しかし，伸びが100％以下で，東日本大震災の県財政の200％という伸びと比較すると，阪神大震災の伸びは小さい。

　歳入費目の動向をみると，第1に，地方税の減少は，5年度対比で6年度5.03％減，7年度7.58％減であるが，8年度には回復している。県財政は，被災地域が，県全体からみれば，一部地域であり，市町村にくらべて，被害

III 被災自治体の財政変動の分析

が軽減されるからである。

第2に、交付税の増加は、5年度対比で、6年度14.8％、7年度34.22％、8年度39.46％と、増加しており、災害復興予算としては、交付税措置の増加は少ない。

9年度2,864億円、5年度比25.28％増であるが、前年度で減少している。交付税における特別交付税の比率をみても、8年度6.36％と小さく、震災復興費の交付税への算入が、不十分さを示唆する数値である。

第3に、国庫支出金の増加は、5年度対比で、6年度36.76％増で、災害救助補助が中心で、7年度36.02％増、8年度18.15％増であるが、9年度3,489億円で、5年度比1.03％増、10年度3,370億円、5年度比0.53％減で、国庫補助金による支援は、息切れしている。[1]

第4に、地方債は、5年度対比で、6年度15.20％増、7年度3.89倍、8年度2.48倍で、9年度も2,885億円、48.17％と、増加基調にあった。復旧・復興事業の主力財源は、増加率・構成比からみて、地方債のみが肥大化していった。もっとも復興基金分の起債が、7年度4,000億円、8年度2,000億円ある。

歳出規模も、歳入と同様に7年度から、本格的に増加しているが、歳出費目の動向をみると、第1に、総務費は、5年度対比で、7年度で一気に3.43倍に膨張している。民生費は6年度、2.72倍、商工費は、7年度2.13倍、災害復旧費は、7年度1.93倍と増加しているが、金額的には6年度121億円と、あまり多くない。

第2に、衛生・労働・教育・農林水産・土木・警察費などは、大きな変化はない。ただ土木費は、支出額では5年度対比で、7年度941億円増、8年度1,195億円増、9年度も支出額4,470億円と、982億円増、10年度4,337億円、848億円増と、4年間の5年度対比増加額は、3,966億円の巨額になる。

第3に、災害復旧費は、5年度比で6年度92.62％、7年度17.00倍と、大幅増であるが、9年度166.4億円、10年度86.7億円と減少している。土木費は、平年度から事業規模もあり、復興事業での伸びは小さが、9年度

4,470億円，10年度4,337億円と増加していった。

　増加率は小さいが，増加額は，5年度比で9年度952億円，10年度848億円と，巨額の増加額であり，復興事業が，数年は継続して，増加基調を維持しているが，国庫支出金は，減少テンポを早めている。

表15　兵庫県歳入歳出決算（一般会計）　　　（単位：百万円）

区　分	平5	平6	平7	平8	区　分	平5	平6	平7	平8
地方税	573,779	544,933	530,268	597,948	総務費	165,446	162,817	566,941	351,095
地方譲与税	37,619	33,927	34,473	34,886	民生費	103,404	282,008	230,509	125,418
地方交付税	228,557	262,412	306,768	318,746	衛生費	59,638	61,960	62,136	67,771
普通交付税	225,155	241,910	287,264	303,744	労働費	10,487	10,131	10,518	13,751
特別交付税	3,402	20,503	19,504	15,003	農林水産費	115,286	114,487	124,300	127,684
国庫支出金	338,789	463,317	460,818	400,264	商工費	95,774	119,363	204,850	165,478
地方債	194,700	224,288	758,313	483,499	土木費	348,861	349,692	443,014	468,391
その他	307,707	370,645	434,243	389,013	警察費	135,609	142,823	148,491	156,600
					教育費	473,871	477,018	478,249	489,354
					災害復旧費	6,334	12,201	107,639	73,955
					公債費	152,862	151,383	116,187	145,769
					その他	3,482	3,424	3,348	3,356
合　計	1,680,451	1,899,522	2,524,883	2,224,356	合　計	1,671,054	1,887,307	2,496,182	2,188,622

注　平成25年度は当初予算
資料　兵庫県「各年度決算発表資料」

　兵庫県の財政は，巨額の復旧・復興事業で，財政指標（**表16参照**）は，急速に悪化していった。6年度は，震災応急復旧施策のため，単年度262億円の大きな赤字をだしている。このような財政悪化によって，積立金の取り崩しが大きく，6・7年度それぞれ100億円の取り崩しが行われている。

　その結果，積立金の増減も算入した，実質単年度収支は，6・7年度，それぞれ△104億円，△90億円の赤字となっている。さらに復旧・復興事業は，地方債を補填財源として増発したので，歳入にしめる県債依存度は，7年度には30.0％と，警戒水域を，突破する状況になっている。

　これらの財政指標は，9・10年度には改善されていったが，それでも5

48

Ⅲ 被災自治体の財政変動の分析

年度と比較して，財政状況は，好転したとはいえず，震災復興事業の後遺症は，ながく尾を引いている。

表16　兵庫県財政指標の推移　　　　（単位；百万円）

区　分	平5	平6	平7	平8	平9	平10
実質収支	3,017	401	845	1,309	1,749	1,524
単年度収支	-85	-2,616	444	464	440	-225
積立金	2,587	2,237	525	551	735	948
積立金取崩	-2,070	-10,000	-10,000	-500	-750	-1,748
実質単年度収支	432	-10,379	-9,031	-3,985	425	-1,025
県債依存度	11.6	11.8	30.0	21.7	14.5	14.2

資料　兵庫県「各年度決算発表資料」

　第3に，基金の推移（表17参照）をみると，6年度基金は，税収の落ち込みを，補填するため，過去最大の取り崩しとなり，基金残高3,461億円

表17　兵庫県基金の推移　　　　（単位；百万円）

区　分		平5	平6	平7	平8	平9	平10
基金取崩額		33,271	72,871	49,212	28,028	24,914	53,673
内訳	財政基金	2,070	10,000	10,000	5,000	750	1,748
	県債管理基金	10,100	19,800	25,800	10,500	12,793	37,433
	県有建物復興基金	10,298	9,668	5,157	4,449	2,156	1,416
	災害救助基金	―	2,491	649	―	―	―
	市町財政等調整基金	―	―	―	2,268	4,369	―
	CSR運営基金	―	―	―	2,268	2,002	―
	その他基金	―	―	―	―	―	13,076

資料　兵庫県「各年度決算発表資料」

となり，ピークの4年度4,001億円より，約540億円の減少となっている。7年度基金取崩額492億円で，基金残高3,127億円と減少している。8年度基金残高3,025億円と減少している。9年度基金残高2,923億円と，減少している。

自己負担は，宮城県と比較すると兵庫県69.52％，宮城県57.16％で，10％以上の差がある。ことに地方債は，兵庫県30.03％，宮城県7.20％と，20％以上の差で，阪神大震災が，地方債で財源調達をしていたことがわかる。ことに後年度の交付税の伸びも大きくなく，十分な補填機能がみられない。

　兵庫県は，政府財政支援が少ないため，復旧・復興財源を，地方債にもとめたが，宮城県は，政府財政支援が，手厚いため，復旧・復興財源を，地方債にほとんど求める必要がなかった。

　第4に，県債の推移をみると，県債は，阪神大震災によって一気に膨張していったが，内容的には財源補填債が，目立った。[2]

　問題の歳入財源内訳であるが，兵庫・宮城県の財源内訳（**表25参照**）で比較すると，第1に，地方税は，兵庫県は，5・7年度対比で，92.42％と回復していないが，宮城県は22・24年度対比で，108.41％と，ほぼ回復している。

　なお兵庫県の7年度地方税比率21.10％，24年度宮城県12.97％である。震災前では，兵庫県5年度地方税比率34.14％，宮城県27.77％である。もっとも宮城県では，国庫補助金の増加が大きく，地方税が低落したのではない。

　第2に，交付税は，兵庫県7年度構成比12.15％，宮城県24年度19.27％である。震災前の兵庫県5年度構成比13.60％，宮城県22年度構成比21.02％である。交付税比率が，両県ともあまり伸びていないのは，国庫支出金の伸びが，大きいからである。

　比率では交付税補填機能は，あまり明確にでないが，増加額は，兵庫県は5年度比で，6年度339億円，7年度782億円，9年度902億円であるが，宮城県は22年度比で，23年度3,007億円，8年度2,030億円，9年度（予算）678億円と，兵庫県との比較で，大幅増加となっている。

　非常に厄介なのが，交付税の支援で，普通交付税にも，復興財源措置が，採用されているので，5年度総額を基準で，差額を災害財源補填とみなすと，兵庫県の5年度比較で，7年度交付税は，782億円増で，地方税対比14.75％，宮城県交付税増2,930億円，地方税対比113.65％と，格段に交

付税補填率は高い。

　第3に，国庫支出金は，兵庫県7年度構成比18.25％，宮城県24年度23.50％である。震災前の国庫支出金構成比は，兵庫県5年度20.16％，宮城県12.14％で，兵庫県は宮城県より8.12％高い構成比であったが，震災後，宮城県は兵庫県より5.25％，高い構成比となっており，震災前後では，宮城県が13.37％，高い水準となっている。

　国庫支出金の増加は，兵庫県は，5・6年度比1.37倍．年度5・7年度対比1.36倍，に過ぎないが，宮城県は22・23年度で6.26倍，22・24年度比4.49倍と，2年連続で，きわめ大きな増勢をしめしている。

　国庫支出金増加額は，兵庫県は，さきにみたとおりであるが，宮城県は，22年度比で，23年度5,472億円，24年度3,602億円，25年度（予算）1,909億円と，いずれの年度の大幅増加であるが，23年度は増加額だけで，地方税収入の2.42倍の驚異的増加である。歳出構成比3分の1で，極端な国庫依存構造に，変貌している。

　第4に，地方債構成比は，兵庫県7年度30.03％，宮城県24年度7.19％である。震災前，兵庫県5年度11.59％，宮城県22年度14.95％であった。もっとも7年度には，兵庫県は復興基金への拠出債3,000億円があるので，差し引きすると，構成比は，歳入合計2兆2,249億円となり，地方債も4,583億円となり，構成比20.60％であるが，それでも宮城県より，かなり高い水準である。

　第5に，政府財政支援と自己負担の比率（**表37参照**）をみると，政府財政支援は，兵庫県30.48％，宮城県42.84％で，12％の差であり，震災復興事業に限定すれば，20％以上の差であろう。

　兵庫県は，7年度政府財政支援である交付税・支出金合計7,676億円，地方税の1.14倍であるが，宮城県は，24年度政府支援8,502億円，地方税の3.30倍で，復旧・復興への財源補填格差は，兵庫・宮城県では，決定的落差と化している。

　なおストック会計をみると，基金現在高は，兵庫県は，7年度4,921億円，

6年度比237億円の減少で，**表17**にみたように県債基金は，増加しているが，災害救助基金・復興基金は，減額となっている。

　宮城県は，23年度1,333億円，24年度3,769億円と，2,435億円の増加である。おおくの基金で増額がみられ，東日本大震災復興基金375億円の創設など，国庫補助金の前倒し分を基金化し，次年度の補助事業財源とする，特異な財政運用が採用されている。

　兵庫県は基金を食いつぶし，地方債で財源調達をしているが，宮城県と，余裕をもって，基金を積み増し，地方債をあまり増発することなく，復旧・復興事業を処理している。兵庫県と宮城県の復旧・復興事業における，財政運営の明暗がはっきりと，浮き彫りされている。

2　阪神大震災と市町の復興財政

　阪神大震災における，市町財政の推移をみると，まず震災後の神戸市財政の歳入・歳出状況（**表 18・19 参照**）は，6 年神戸市歳出決算 9,471 億円は，震災が 7 年 1 月 17 日に発生したので，補正予算を編成して，救済・応急施策 683 億円を実施している。

　民生費などの増加などがみられ，歳入でも，市税減少・交付税増加・県支出金増額がみられるが，5 年度 9,849 億円，6 年度 9,967 億円と，変動はみられない。ことに復興建設事業の着工が，即応できるものでなく，そのため国庫補助金支給も，次年度にずれ込んだためである。

　しかし，平年度財政としては，5 年度をベースとして，以後の財政状況を比較すると，第 1 に，歳入規模で，震災の影響が，はっきりとみられるのは，5 年度比で，6 年度 1.00 倍で，増加はほとんどないが，7 年度 1.84 倍，8 年度 1.56 倍と，大きな伸びであり，兵庫県の伸びよりかなり大きい。

　ただ 7 年度復興基金への出資金 2,000 億円があり，差し引きすると，1 兆 6,140 億円で，5 年度比 1.64 倍の膨張である。この膨張は，平成 8 年度も，復興基金への出資金 1,000 億円を，差し引きすると，1 兆 4,371 億円，5 年度比 1.46 倍とかなりの，膨張であるが，9 年度には鎮静化している。

　第 2 に，市税の落ち込みは，5 年度対比で少ないが，それでも 7 年度 17.55％減，8 年度 6.48％減であるが，9 年度は，復興で住宅・ビル再建などで，回復している。しかし，復興が鎮静化すると，平成 16 年度には 2,506 億円と，再度落ち込んでいる。

　第 3 に，交付税は，補助裏補填であったので，後年度にずれこむので，震災直後は，大きな伸びは期待できないが，5 年度比で，6 年度 1.37 倍，7 年度 1.55 倍，8 年度 2.51 倍，9 年度 2.34 倍と，かなりの増加である。

震災復興費に対する交付税の補填は，普通交付税もあるので，特別交付税のみの増加ではないが，特別交付税をみると，5年度比で6年度7.74倍，増加額131億円，7年度138億円，8年度119億円と，次第に低下しているが，増加基調は長期に継続している。

　ただ交付税の増加は，震災復興事業の増加分だけでなく，一般行政費分もあり，さらに神戸市の財政力指数が，震災後10年で，0.83から0.64まで低下しており，震災復興に関係なく膨張がみられ，震災復興分の算出は，困難であるが，類似団体の京都市の増加率と比較すると，震災復興費補填分は，交付税額の最大30％と推計できる。[3]

　第4に，国庫支出金の補填額は，大きく，5年度対比で，7年度3.17倍，8年度2.17倍，9年度1.68倍，10年度1.31倍と増加しているが，11年度以降は平年度化していった。国庫支出金は，交付税より金額的に大きく，補填効果として有効である。この補助裏を，地方債で財源補填することになり，財政悪化の要因となっている。

　ただ国庫支出金は，5年度1,220億円あり，増加額全部が，震災復興補助とみなすと，6年度は県費による救助費が主流であって，市事業の復興事業は着工されておらず，増加はない。

　7年度2,644億円，8年度2,098億円，9年度2,998億円と大幅増加となっているが，10年度834億円と激減しており，11年度以降は，平年度増加分もあり，大きな数値ではない。しかし，8年度では交付税の3.79倍と補填効果はきわめて大きい。

　交付税・支出金（県支出金ふくむ）の合計額は，7年度4,542億円で，地方税の1.866倍とあまり大きくなく，増加額のみでは，7年度交付税・支出金合計3,229億円で，7年度震災関連費7,917億円の40.79％で，自己負担率59.21％と，約6割に負担であり，震災関連費に対する財政特例措置が，かなり手厚くなされても，自己負担率は高い。

　第5に，結局，財源補填は，市債頼みとなっている。5年度対比で7年度5.72倍，復興基金出資金2,000億円を差し引きすると，3.96倍，9年度3.36倍，

Ⅲ 被災自治体の財政変動の分析

復興基金出資金1,000億円を差し引きすると，2.49倍となる。

歳出動向をみると，本格的な復旧・復興は，7年度からで，歳入と同様であり，歳出費目をみると，第1に，5年度対比で，総務費は，7年度4.63倍，民生費は，7年度2.57倍，災害復旧費は，7年度728.01倍と，大幅な伸びとなっている。

表18 神戸市普通会計歳入決算 （単位：百万円）

区　分	平5	平6	平7	平8	平9	平10	平11	平12	平13
地方税	295,121	274,103	243,303	276,054	292,936	289,116	286,346	275,610	269,729
譲与税交付	31,151	34,348	33,375	31,843	28,713	36,274	41,709	48,711	46,435
地方交付税	44,033	60,280	68,181	110,651	103,189	98,522	114,048	127,980	117,303
普通交付税	42,083	45,184	52,479	96,800	89,222	81,072	95,964	110,114	106,222
特別交付税	1,950	15,096	15,702	13,851	13,967	17,450	18,084	17,866	10,081
国庫支出金	121,964	121,484	386,409	331,740	205,459	160,878	143,366	123,890	117,304
県支出金	11,520	33,700	45,854	14,101	14,082	15,631	22,067	14,656	13,643
地方債	114,000	139,366	651,840	383,484	150,682	122,031	115,902	68,832	71,812
その他	367,070	323,417	385,112	389,224	333,646	294,907	275,514	258,671	238,725
合計	984,859	986,698	1,814,074	1,537,097	1,128,707	1,017,359	998,952	918,350	874,951

資料　神戸市財務課「財政分析資料」

表19 神戸市普通会計目的別歳出決算 （単位：百万円）

区分	平5	平6	平7	平8	平9	平10	平11	平12	平13
総務費	57,789	54,781	267,448	152,532	54,944	47,853	53,786	57,426	55,270
民生費	147,261	192,359	377,864	183,354	181,023	177,408	206,601	171,330	182,012
衛生費	87,165	72,876	66,742	69,324	72,667	78,981	84,204	67,154	64,720
労働費	3,535	3,738	2,632	2,503	2,554	2,467	2,281	2,183	2,135
農林水産費	19,516	19,746	19,106	29,441	18,069	15,096	14,526	16,187	14,415
商工費	38,007	42,493	65,093	67,561	51,521	67,423	66,151	48,609	43,551
土木費	349,128	283,501	484,474	475,404	402,420	307,538	247,072	208,457	185,639
消防費	16,556	18,610	17,385	17,963	18,407	17,949	18,469	16,755	16,613
教育費	102,890	103,613	87,337	96,568	87,070	89,097	74,818	94,976	90,188
災害復旧費	336	8,075	244,635	209,513	152,447	1,207	1,677	44	0
公債費	128,865	127,887	110,550	145,368	152,447	154,107	187,563	186,611	186,329
その他	17,852	19,495	18,623	23,031	77,140	27,990	26,332	26,657	19,704
合計	968,900	947,174	1,761,889	1,472,562	1,089,429	987,116	983,472	896,389	860,576

資料　神戸市財務課「財政分析資料」

第2に，その他費目は，あまり目立った増加はみられないが，土木費は伸び率は低いが，金額的には，5年度対比で，7年度1,353億円増，8年度1,2621億円増と，大きな増加額で，交付税でうめきれず．地方債補填となっている。
　西宮市の財政動向（**表20参照**）をみると，歳入規模は，5年度対比で，6年度15.55％増，7年度94.95％と倍増している。9年度67.49％と伸びは鈍化し，10年度1,721億円と，5年度比14.12％と，平年度化に近づいている。
　歳入費目をみると，第1に，地方税の落ち込みは，西宮市のように，成長性の高い自治体でも，8年度でも90.01％と，低迷したままである。12年度でも808億円と回復できず，20年度で848億円と，やっと回復している。
　第2に，交付税措置は，倍率は大きいが，不交付団体であったので，特別交付税のみで，国庫補助とみなすことができるが，金額的は8年度でも83億円と小さく，復旧・復興財源は，地方債と国庫補助金で，処理されている。
　ただ不交付団体であったので，災害復旧・復興事業費の交付税補填は，一部，普通交付税に吸収され，100％自己負担となっている。8年度から普通交付税を支給されているが，52.7億円と特別交付税30.5億円より，はるかに大きい。8年度の普通・特別交付税の比率から，普通交付税分の損失をみると，6年度80.45億円，7年度70.74億円が不交付となっており，富裕団体としても，大きな痛手であ゙，災害が引き金となって，交付団体へと転落している。
　第3に，国庫支出金は，5年度対比で，6年度1.30倍であったが，7年度4.70倍伸びと激増し，8年度も3.77倍と，大幅な増加である。復興事業として，区画整理・再開発事業が，スタートし，公共減歩で，用地買収費が，ふくらんだからである。
　第4に，地方債の伸びも大きく，7年度4.54倍，8年度3.75倍と増加している。復興事業への国庫支出金の補填があったが，補助率50％程度であり，補助裏財源は，地方債となった。
　交付税措置は，倍率は大きいが，不交付団体でああたので，特別交付税の

Ⅲ 被災自治体の財政変動の分析

みで，国庫支援とみなすことができるが，金額的は 8 年度でも 83 億円と小さく，復旧・復興財源は，地方債と国庫補助金で，処理されている。

歳出費目をみると，神戸市などの動向とおなじて，民生・災害復旧費の伸びが大きいが，土木費は，伸びは小さいが，支出額の増加は大きく，7 年度は 15 年度対比で 480 億円，8 年度も 453 億円増加と，民生費とならんで，財政圧迫要素といえる。その他費目は，衛生費の増加がみられるが，目立った傾向はない。

表20　西宮市歳入歳出（普通会計）　　　（単位：百万円）

区分	平5	平6	平7	平8	区分	平5	平6	平7	平8
地方税	85,456	79,489	68,248	76,921	総務費	15,554	14,517	17,710	18,249
地方譲与税	2,622	2,606	2,631	2,569	民生費	25,617	41,120	74,310	43,350
地方交付税	122	4,650	4,089	8,318	衛生費	14,325	19,916	24,776	24,350
普通交付税	—	—	—	5,271	労働費	546	496	452	374
特別交付税	122	4,650	4,089	3,046	農林水産費	220	213	198	192
国庫支出金	14,366	18,691	67,513	54,212	商工費	2,544	2,765	9,416	4,535
県支出金	3,967	7,149	6,218	4,380	土木費	47,410	46,723	95,383	92,791
地方債	18,630	34,123	103,277	69,840	消防費	3,834	4,265	5,223	5,394
その他	25,621	27,527	41,970	36,308	教育費	20,757	21,115	20,978	20,377
					災害復旧費	21	3,517	26,954	18,269
					公債費	16,507	14,467	10,734	13,082
					その他	1,066	893	943	1,376
合計	150,784	174,235	293,946	252,548	合計	148,401	170,007	287,077	242,339

資料　総務省『市町村別決算状況調』

芦屋市の歳入規模（表21参照）を見ると，5 年度対比で，8 年度 1.90 倍，9 年度 1.56 倍と，大きく増加している。第 1 に，地方税の落ち込みも大きく，5 年度対比で，7 年度 27.68％，8 年度 15.04％と大きく低下し，23 年度になっても 207 億円と，5 年度地方税水準を回復していない。富裕団体であっただけに，減免額も大きく，減少率は，きわめて高い。

第 2 に，交付税は，不交付団体であったので，特別交付税のみであったが，復旧・復興事業で財政需要が伸び，6 年度 11.9 億円，7 年度 19.6 億円，

8年度15.8億円と，交付税をうけている。しかし，不交付団体であるため，普通交付税算入分を喪失しており，災害時，不交付団体であるから，財源的余剰があると，みなすのは現実感覚にそぐわないであろう。

第3に，国庫支出金は，5年度対比で，7年度4.70倍，8年度3.77倍，9年度には134億円と伸びは鈍化している。

地方債は，5年度対比で，6年度2.18倍，7年度10.68倍，8年度5.71倍，この傾向は，9年度82.1億円，2.20倍，10年度75.0億円，2.01倍とつづき，11年度14.9億円と，5年度水準に，回帰している。

第4に，地方債は，5年度対比で，7年度は361億円，10.68倍で，増加額だけで地方税の2倍という，すさまじい発行である。8年度も5年度対比で，5.71倍，発行額は地方税に匹敵し，増加額175億円は国庫支出金・交付税の合計額を上回る。

歳出規模（**表21参照**）は，歳入規模と同様であり，費目では民生費が，

表21 芦屋市歳入歳出（普通会計） （単位：百万円）

区分	平5	平6	平7	平8	区分	平5	平6	平7	平8
地方税	24,515	22,138	17,746	20,829	総務費	6,135	5,794	5,874	4,717
地方譲与税	493	496	506	474	民生費	5,570	10,283	28,463	7,797
地方交付税	26	1,190	1,959	1,599	衛生費	9,231	7,605	8,238	7,356
普通交付税	—	—	—	23	労働費	76	51	80	50
特別交付税	26	1,190	1,959	1,576	農林水産費	24	30	19	20
国庫支出金	5,527	4,008	17,682	14,673	商工費	228	188	9,416	642
県支出金	1,009	2,490	1,865	1,126	土木費	16,342	7,812	26,613	28,504
地方債	3,733	8,124	39,864	21,315	消防費	933	934	986	1,143
その他	11,200	7,332	8,545	12,439	教育費	5,231	6,689	5,290	5,198
					災害復旧費	0	1,007	6,228	9,223
					公債費	2,423	3,324	2,709	3,421
					その他	553	534	644	573
合計	46,503	45,778	88,167	72,455	合計	46,716	43,651	85,965	68,644

資料　総務省『市町村別決算状況調』

5年度対4.57倍と大きく伸び，土木費も，5年度対比で7年度1.63倍と伸びているが，災害復旧債は，5年度ゼロであったが，7年度62.3億円，8年度92.2億円，9年度28.7億円と，純増であり財政圧迫要素となった。商工費が，7年度94.2億円と大きな支出となっていが，融資であり，財政的には負担はすくない。

　震源地である，淡路島の北淡町の歳入規模（**表22参照**）をみると，5年度対比で，7年度2.77倍，8年度2.59倍と大きく伸びている。第1に，地方税は，5年度対比で，7年度32.88％減，8年度15.24％と大きく落ち込んでいる。第2に，交付税は，ほとんど伸びはなく，5年度対比で，8年度1.32倍に過ぎない。

　第3に，国庫支出金は，5年度対比で，7年度12.54倍，8年度11.12倍と，きわめて大きな伸びであるが，町財政では公共投資も活発でなく，絶対額が少なかったが，復旧・復興事業で，一気に増加したからである。

　第4に，県支出金は，7年度9.83倍，8年度10.39倍と，県支出金としては，驚異的な伸びとなっている。注目されるのは，県支出金が国庫支出金よりかなり大きく，県財政の町村財政への財源補填機能が遺憾なく発揮されている。東日本大震災は，政府の町村への財政支援も充実しているが，阪神大震災では，町村財政を特別に優遇することもなかった。

　第5に，地方債も，復旧・復興事業が伸び，国庫・県支出金もあったが，補填財源は不足し，5年度対比で，6年度2.65倍，7年度4.67倍，8年度3.29倍と，大きく伸びている。

　歳出規模（**表22参照**）は，歳入と同様の推移であるが，費目別では，5年度対比で，民生費は7年度3.51倍，土木費は8年度8.69倍，災害復旧費も，8年度9.96倍の伸びである。

　阪神大震災による被災自治体の財政指標（**表23参照**）をみると，財政力指数の低下傾向が，はっきりとみられる。神戸市で5年1ポイント低下し，西宮市は不交付団体から，交付団体に転落し，芦屋市は，なんとか不交付団体であるが，財政力指数は，0.35ポイントも，下落している。

表22　北淡町歳入歳出（普通会計）　　　　（単位：百万円）

区分	平5	平6	平7	平8	区分	平5	平6	平7	平8
地方税	879	761	590	745	総務費	1,067	1,462	829	864
地方譲与税	99	101	106	105	民生費	1,139	2,717	3,999	1,447
地方交付税	2,243	2,728	2,762	2,977	衛生費	622	600	859	1,091
普通交付税	2,059	2,098	?2,167	2,417	労働費	23	24	35	32
特別交付税	183	630	?595	560	農林水産費	401	387	666	641
国庫支出金	277	678	3,473	3,080	商工費	25	23	74	29
県支出金	436	750	4,289	4,528	土木費	674	473	1,318	5,857
地方債	533	1,410	2,491	1,756	消防費	181	194	97	233
その他	1,080	1,259	706	1,192	教育費	404	392	327	399
					災害復旧費	268	564	931	2,670
					公債費	562	591	328	699
					その他	110	93	93	148
合計	5,547	7,687	15,417	14,383	合計	5,476	7,520	15,259	14,110

資料　総務省『市町村別決算状況調』

　不交付団体にとって，復旧・復興事業費は，普通交付税算入分は帳消しとなるので，特別交付税のみで，ストレートに一般財源の削減となり，財政収支が悪化していった。北淡町は，もともと財政力指数はひくかったので，急落はしていないが，それでも0.04ポイント低下している。

　財政経費指標は，そろって経常収支比率・実質収支比率・単年度収支も，悪化しており，単年度収支は，神戸市7年度41億円，西宮市7年度4.4億円，芦屋市6年度3.7億円，北淡町8年度3,800万円の赤字となっている。

　ストック会計指標も，債務負担行為・地方債現在高が増加し積立金が減少する，財政基盤脆弱化の症状がはっきりとみられる。ことに復旧・復興事業の地方債補塡方式が基調となっていたので，5年間で，神戸市で約1兆円，西宮市約2,000億円，芦屋市約700億円，北淡町でも66億円の増加である。交付税で補塡されるといっても，金利だけで神戸市は年350億円，特別交付税全額でも，150億円程度で，利子補給にもならない。

III 被災自治体の財政変動の分析

表23 被災市町村財政指標　　　　（単位：百万円，％）

区分		財政力指数	経常収支比率	実質収支比率	単年度収支	公債費負担比率	債務負担行為	積立金現在高	財政調整基金	地方債現在高
神戸市	平5	0.82	87.9	0.1	-132	15.1	171,029	186,414	1,844	980,564
	6	0.82	97.4	-1.0	-3,762	16.5	180,049	163,114	111	1,046,814
	7	0.83	106.0	-2.1	-4,070	14.0	349,484	140,178	0	1,645,470
	8	0.77	91.0	-1.2	3,096	19.9	379,514	126,961	0	1,960,993
	9	0.74	94.3	-0.6	2,036	21.8	315,328	114,860	63	2,033,271
西宮市	平5	1.22	78.7	14.0	724	14.0	40,754	20,771	10,596	96,838
	6	1.18	87.1	1.1	-776	11.6	40,639	21,88	11,414	121,711
	7	1.16	105.1	0.6	-442	8.2	37,426	18,252	6,304	220,425
	8	1.06	96.5	0.8	53	11.5	46,889	17,376	4,981	285,363
	9	0.99	95.3	0.3	-354	15.3	43,528	18,733	4,756	305,902
芦屋市	平5	1.50	70.0	1.1	-216	6.4	31,670	20,771	10,596	24,031
	6	1.43	83.2	0.9	-373	6.6	5,445	21,594	5,132	30,100
	7	1.38	106.9	0.5	-79	7.1	9,257	20,840	4,281	68,929
	8	1.25	93.9	0.2	-92	11.4	9,924	17,419	3,187	89,218
	9	1.15	89.2	―	-24	13.3	7,550	17,361	3,178	95,835
北淡町	平5	0.29	72.6	1.4	-25	15.4	1,303	2,029	―	4,284
	6	0.29	76.3	1.7	8	11.9	1,211	2,453	―	5,336
	7	0.28	81.3	1.2	-13	13.2	1,039	2,748	―	7,409
	8	0.26	75.3	1.1	-38	14.7	1,086	2,961	―	8,750
	9	0.25	75.3	1.3	12	15.3	1,155	3,478	395	10,866

資料　総務省『市町村別決算報告』

3 東日本大震災と東北3県の復興財政

　東日本大震災の県財政を，まず岩手県の財政状況（**表24参照**）をみると，財政力指数は，0.32で，地方税より，交付税が2倍となるが，災害復興で，この国庫依存度は，さらにふかまった。

　歳入規模は，22・23年度対比で，1.85倍で，24年度比1.42倍で，大きく伸びている。歳入内訳は，地方税・譲与税は，ほとんど変わっておらず，23・24年度の地方税は，22年度より大きく，震災の被害は，県レベルでは小さかったといえる。

　平成22年度比で，23年度地方交付税1.71倍，24年度1.42倍，国庫支出金は23年度3.95倍，24年度2.32倍であるが，地方債は，むしろ減少している。

　ただ交付税は，普通交付税・特別交付税・復興特別交付税と3本建てとなり，復興事業費への交付税補填がかなり明確になった。もっとも特別交付税も，平成23年度のみ10～30倍の増加となっているが，生活救済費の補填であり，その他の復興費は．復興特別交付税の対象となっている。

　歳出規模は，22・23年度対比で1.82倍，歳出内訳は，総務・民生・衛生・労働・災害復興費が伸びており，土木・警察・教育・公債費は，あまり伸びていない。

　復旧・復興財政は，歳入では，国庫支出金が，主力で，交付税が補填し，地方債は，きわめて少ないのが特徴である。歳出では，災害救助の総務・民生費が中心で，災害復旧費など，地域整備費の比重は大きくない。

　第5に，積立金（**表24参照**）は，大きく伸びているが，原因は，特定目的積立金で，政府補助による震災復興事業のための積立金である。基金総額は，23年度2,294億円で，前年度比171億円増加であり，24年度も取り崩さ

Ⅲ 被災自治体の財政変動の分析

れことなく,増加している。しかし,復旧・復興事業基金は,事業がすすむと,取り崩しがすすんでいる。(4)

表24 岩手県歳入歳出の推移(普通会計)　　(単位:百万円)

区　分	平22	平23	平24	平25予	区　分	平22	平23	平24	平25予
地　方　税	114,788	112,790	121,952	110,009	総　務　費	34,613	203,805	131,826	27,427
地方譲与税	19,439	19,605	20,018	21,403	民　生　費	83,022	212,218	120,720	91,132
交　付　金	2,263	1,950	779	792	衛　生　費	51,037	106,859	64,155	186,519
地方交付税	227,554	389,699	322,472	293,238	労　働　費	13,892	79,867	39,071	24,363
普通交付税	223,180	229,870	227,968	217,446	農林水産費	54,078	71,404	64,760	78,061
特別交付税	4,374	61,245	4,277	3,800	商　工　費	70,061	108,906	127,491	131,016
復興特交税	―	98,584	90,227	71,992	土　木　費	66,262	75,973	87,248	116,011
国庫支出金	106,094	419,780	246,608	212,985	警　察　費	27,903	29,328	27,196	26,862
地　方　債	118,310	102,313	100,760	82,250	教　育　費	148,532	152,611	148,056	145,711
そ　の　他	142,733	307,071	412,225	137,787	災害復旧費	1,573	72,819	160,568	137,623
					公　債　費	121,291	121,405	124,713	127,324
					そ　の　他	16,021	15,981	16,037	159,653
合　計	731,181	1,353,208	1,224,814	1,151,702	合　計	688,285	1,251,176	1,111,841	1,251,702

注　平成25年度は当初予算
資料　『岩手県決算統計』

表25 岩手県積立金の状況　　(単位;百万円)

区　分	平20	平21	平22	平23	平24
財政調整基金	8,915	11,307	14,011	38,703	22,916
県債管理基金	5,378	8,192	12,204	38,700	39,456
その他特定目的基金	32,476	73,804	62,504	229,354	250,918
公共施設等整備基金	3,861	6,071	3,876	―	―
特定目的・その他	28,615	67,734	58,628	229,354	250,918
合　計	46,769	93,303	88,719	306,757	313,290

資料　岩手県『普通会計・決算状況(H20～H24年度)』平成25年9月,10頁。

宮城県(**表26参照**)でみると,歳入規模は,22・23年度対比で,2.30倍と大きく膨張しており,24・25年度も,この財政膨張は持続している。歳入内訳をみると,第1に,地方税は,仙台市の中心部が,被災を免れたことにあり,22・23年度対比では,わずかであるが増加し,24・25年度も,

63

増加基調である。

　第2に，交付税は，22年度比で，23年度2.67倍，24年度比2.13倍と増加している。震災復興特別交付税が新設され，財源的には長期的補填機能を，発揮している。

　第3に，国庫支出金も，22年度比で，23年度6.26倍，24年度4.49倍と激増している。神戸市の推移では，震災後，5年で震災前の水準への低下しており，基金化によって，復興財源の長期化を，図っていく必要がある。

　第4に，地方債は，22年度比で23年度1.10倍，24年度比1.12倍と，ほとんど伸びていないが，25年度当初予算では，22年度比で，国庫支出金の減少によって，25年度1.90倍と，大きく増加している。

　地方債残高も，22年度1兆5,012億円，23年度1兆5,600億円，24年度1兆6,139億円と，増加基調にあり，22・23年度対比で，600億円，22・24年度対比1,100億円と，地方債償還増加額で，財政運営として厄介な圧迫要素である。

　歳出財政規模は，22・23年度で，2.21倍と大きく膨張しており，24年度の膨張傾向は，持続していたが，25年度では，当初予算であるが，やや減少している。当面の救済施策・応急事業は，すんだからと予想される。

　費目動向をみると，22・23年度対比では，第1に，総務費4.42倍，民生費4.28倍，衛生費4.88倍，労働費8.83倍，商工費1.67倍，災害復旧費53.29倍と，大きく伸びているが，農林水産費・土木費・公債費は，あまり伸びていない。

　震災財政は，大きく膨張したが，主要財政指標（**表35参照**）は，あまり悪化していない。宮城県をみても，財政力指数・経常収支比率は，やや悪化しいるが，問題ではない。公債費比率の諸指数も，あまり変化はない。目立つの積立金3.23倍の膨張である。一方，地方債残高はあまり，残高がふくらんでいない。

　宮城県の基金状況を，23・24年度対比でみると，23年度1,334億円，24年度3,769億円と，2,435億円の増加である。基金の内訳をみると，財

III 被災自治体の財政変動の分析

源調整基金は，21年度71億円，22年度181億円，23年度177億円と，21年度対比では大幅増額されている。

減債基金は，21年度154億円，22年度212億円，23年度212億円と，増加しており，食いつぶすという事態にはなっていない。むしろ特定目的基金は，22年度668億円，23年度3,225億円と，大きく伸びでいるが，復旧・復興事業のため，各種の財源補填・振興資金ため，前倒しで基金が設定されたからである。[5]

表26 宮城県歳入歳出の推移（普通会計） （単位：百万円）

区分	平22	平23	平24	平25予	区分	平22	平23	平24	平25予
地方税	237,822	226,456	257,812	238,000	総務費	53,820	237,642	361,636	49,457
地方譲与税	28,939	30,560	31,486	32,272	民生費	108,642	465,094	364,482	152,181
交付金	3,243	3,234	1,217	1,158	衛生費	26,507	129,408	61,868	208,113
地方交付税	180,054	480,791	383,085	247,900	労働費	13,189	116,457	43,387	41,967
普通交付税	177,025	183,780	175,317	155,000	農林水産費	52,473	62,813	122,547	76,564
特別交付税	3,029	99,690	3,178	1,900	商工費	106,347	177,164	274,871	201,429
復興特交税	—	197,321	204,590	91,000	土木費	71,276	93,026	92,459	153,998
国庫支出金	103,971	651,133	467,163	294,867	警察費	46,953	52,877	49,791	48,650
地方債	128,048	140,965	142,976	242,879	教育費	204,371	238,731	217,585	223,237
その他	174,204	439,351	704,162	621,698	災害復旧費	1,746	93,053	108,143	195,657
					公債費	96,571	102,407	93,563	257,334
					その他	35,590	35,217	37,428	70,187
合計	856,381	1,972,490	1,987,901	1,678,774	合計	817,485	1,803,889	1,827,760	1,678,774

注 平成25年度は当初予算．交付金は，地方特例交付金・交通安全対策特別交付金の合計．
資料 『福島県決算統計』

福島県財政状況（表27参照）をみると，全般に原発対策費が，大きくふくらんでおり，一般災害復旧・復興財政との比較は，不可能であるが，全体としてみると，歳入規模は，22・23年度対比で2.66倍，歳入費目は，地方税・譲与税は，ほとんど変わらず，地方交付税・国庫支出金が大きく伸びており，ことに国庫支出金は，9.04倍と驚異的な伸びである。地方債は1.40倍と伸びているが，伸び率は小さい。

65

歳出規模は，22・23 年度対比で，2.70 倍と大きく伸びで，岩手県の 2.21 倍，宮城県 1.71 倍より大きい。費目別では，宮城県と同様で，総務・民生・衛生・労働・商工・災害復興費の伸びが大きく，農林水産・土木・教育費の伸びは大きくない。

　財政指標（**表 28 参照**）をみると，財政力指数・経常収支比率は，悪化しているが小さい。むしろ公債関係指標は，改善されている。

　福島県の積立金は，総務省決算統計と数値は，ことなるが，福島県 25 年度当初予算データでは，22 年度（決算）1,621 億円，23 年度（決算）1 兆 9 億円，23 年度 6,864 億円，24 年度 4,308 億円と激しく変動している。22・23 年度対比で 6.17 倍，24 年度と驚異的伸びである。

　24 年度で 3,145 億円を取り崩し，25 年度でも 2,256 億円を取り崩す予定である。復興予算として前倒し措置として，基金化財源で，事業化がすすむと，放出するシステムになっている。

　なお内訳（総務省決算統計）は，財源調整基金が 61 億円から 166 億円と，100 億円の増加であるが，復旧・復興事業の長期化を考えると，24 年度の積み増しが必要であろう。

　減債基金は，22 年度 131 億円，23 年度 131 億円と変動がないが，特定目的基金は，22 年度 632 億円から，23 年度 9,043 億円と，14.31 倍の増加である。

　地方財政史上，前例のない増加であり，原発後遺症をかかえての復旧・復興事業という，財政であり，復興事業の実効性もふくめて，財政運営の試練が，つづくであろう。

　地方債残高は，約 1,000 億円の増加で，岩手県の 38 億円，宮城県 588 億円より大幅増加で，長期財政運営からみて，国庫補助金の激減，交付税の低落とのギャップにどう対応するか，宮城・岩手県より，財政後遺症としては，目立つ金額である。

　もっとも将来負担比率は，22 年度 183.4 から 23 年度 166.2 と低下しており，財政運営は健全化といえるが，原発事故の救済・復旧事業もあり，長期的に持続できるかである。

III 被災自治体の財政変動の分析

表27 福島県歳入歳出の推移 （単位：百万円）

区 分	平22	平23	平24	平25予	区 分	平22	平23	平24	平25予
地 方 税	195,867	190,512	204,231	180,210	総 務 費	59,465	546,184	248.630	61,559
地方譲与税	28,083	28,827	29,470	32,231	民 生 費	106,598	333,178	182,236	162,868
交 付 金	3,336	2,813	1,328	1,252	衛 生 費	28,139	482,053	263,136	470,234
地方交付税	220,292	385,319	309,030	256,463	労 働 費	13,676	34,024	41,073	40,321
普通交付税	217,048	225,867	214,372	—	農林水産費	53,249	70,702	98,863	73,296
特別交付税	3,245	73,016	3,247	—	商 工 費	74,868	191,387	171,331	213,876
復興特交税	0	86,436	91,411	—	土 木 費	90,760	107,508	108,974	165,871
国庫支出金	124,092	1,122,003	514,977	441,609	警 察 費	44,053	43,258	44,233	46,023
地 方 債	131,132	183,999	120,239	144,764	教 育 費	205,232	235,889	215,667	222,787
そ の 他	155,666	372,227	613,116	675,764	災害復旧費	532	41,197	58,306	86,222
					公 債 費	125,687	122,469	120,404	134,630
					そ の 他	239,917	23,366	24,459	54,283
合 計	858,468	2,285,664	1,792,391	1,731,970	合 計	826,506	2,231,215	1,577,312	1,731,970

注 平成25年度は当初予算　　資料 『福島県決算統計』

　東北3県の財政指標（**表28参照**）をみると，第1に，財政力指数は，岩手県22年度0.30555, 23年度0.29558, 24年度0.29038と，低下しているがわずかである。宮城・福島県もわずかであるが低下している。

　第2に，岩手県の経常収支比率は，あまり変化してないが，震災前の22年度91.4%から, 23年度93.5%, 94.6%と悪化している。実質収支比率は，震災前の22年度3.7%から, 23年度3.5%, 24年度7.1%への改善している。宮城県は，22年度88.2から23年度93.3へと悪化しており，福島県の同様である。

　第3に，岩手県公債費関係指数も，あまり変動はない。実質公債比率は，22年度15.6%から．24年度18.6%へと上昇している。たしかに県債残高は，22年度1兆5,281億円，23年度1兆5,319億円，24年度1兆5,297億円と増加している。宮城・福島県の公債費負担比率は，改善されている。

　第4に，将来負担比率は，3県とも改善されており，震災復興という巨額の支出増加を考えると，特筆すべき指標といえる。膨大な復旧・復興事業を

展開したがってが，補助金主導型であったので，将来負担は増加してないからであろう。

　第5に，積立金は，岩手県は，22・23年度比3.46倍，22・24年度比3.53倍と大きな増額となっておいる。注目されるのは，財政調整基金が，震災で財源補填として，取り崩しされることなく，増加しており，県債管理基金（減債基金）も増加しているが，県債増加率より，積立金の増加率は大きい。

　宮城県・福島県も大きく伸びているが，福島県は，22・23年度比9.64倍と，岩手・宮城県と比較して，2倍以上の伸び率となっているが，原発事故で，将来の事故対策費の増加に備えた基金積立である。

　このように基金が，大幅増加したのは，復興交付金で前倒しの補助金が交付され，次年度繰越分が，特定目的基金としてプールされたからで，本来の財政安定的基金ではない。

　第6に，地方債現在高も，ほとんど増加しておらず，宮城県でわずかな増加がみられる程度である。復旧・復興事業の巨額の展開を考えると，基金の減少・地方債残高の増加が，当然の傾向としられるはずであるが，その兆候が全然みられない，特異な減少で，東日本大震災の復旧・復興事業が，国庫補助金主導型であることをしめしている。

表28　東日本大震災県財政指標　　　　　（単位：百万円，%）

区分		財政力指数	経常収支比率	実質収支比率	公債費負担比率	実質公債費比率	将来負担比率	積立金現在高	定額運用基金	地方債現在高
岩手	平22	0.30555	91.4	3.7	25.0	15.6	286.1	88,717	43,306	1,528,091
	23	0.29558	93.5	3.5	18.1	17.6	260.1	303,756	43,306	1,531,898
	24	0.29038	94.6	7.1	21.1	18.6	257.7	313,290	43,306	1,529,699
宮城	平22	0.52186	88.2	3.5	16.4	15.1	254.5	111,899	17,945	1,501,166
	23	0.50519	93.3	5.8	11.2	15.5	253.8	361,369	19,249	1,559,991
	24	0.50292	93.1	6.3	11.1	15.2	251.5	476,711	20,966	1,627,986
福島	平22	0.44511	94.2	0.1	21.5	14.4	183.4	96,859	36,924	1,239,809
	23	0.41819	95.0	1.2	15.9	14.4	166.2	934,037	30,456	1,344,546

資料　総務省『府県決算統計』，岩手・宮城県『24年度決算状況』

4 東日本大震災と市町の復興財政

　東日本大震災と，市町財政の状況をみると，仙台市の財政状況（**表29参照**）は，第1に，歳入規模は，22年度対比で，23年度1.44倍，24年度1.52倍と，大きく伸びているが，被災3県と比較すると，小さい伸びである。

　県災害復興予算は，救護費など緊急措置への対応が主流であるが，市町は市街地整備などの公共投資が，中心であるため，予算化のテンポは，後年度にずれ込むためである。

　第2に，地方税は，22・23年度対比で8.14％減であるが，24年度には回復している。地方交付税は，22年度比で，23年度3.61倍，24年度2.20倍と大きく伸び，震災特別交付税の普通交付税との比率は，23年度1.58倍，24年度0.92倍と，震災2年目ではやくも伸びが鈍化している。

　第3に，国庫支出金は，22年度比で，23年度2.33倍，24年度2.83倍と伸びているが，被災3県との比較では大きくない。県支出金も，22年度比で，23年度2.43倍，24年度2.40倍と，大きく伸びているが，震災補助としては，それほど大きくはない。今後，復旧・復興事業が本格化すると，財源的窮屈な状況になるのではないか。

　第4に，地方債は，22年度比で，23年度1.19倍，24年度1.32倍と伸びは小さく，国庫支出金と比較すると，伸び金額ともに小さく，神戸市の動向と大きくことなる。

　歳出規模は，22年度対比で，23年度1.43倍，24年度1.50倍であり，目的別では，22年度比で，23年度は，総務費2.76倍，民生費1.22倍，衛生費1.32倍，労働費2.10倍，農林水産費2.10倍，商工費1.23倍で，突出したのは災害復旧費162.77倍で，土木費0.85倍，教育費0.95倍と減少している。公債費は1.02倍とわずかの伸びである。

表29　宮城県仙台市歳入歳出の推移（普通会計）　（単位：百万円）

区　分	平22	平23	平24	平25予	区　分	平22	平23	平24	平25
地　方　税	172,525	158,485	170,074	167,988	総　務　費	36,025	99,546	125,091	32,643
地方譲与税	3,261	3,117	3,041	2,980	民　生　費	126,286	153,960	155,580	166,261
交　付　金	21,212	19,656	21,685	60,470	衛　生　費	26,354	34,902	28,491	—
地方交付税	24,609	88,912	51,868	39,099	労　働　費	1,612	3,389	3,234	—
普通交付税	23,560	25,631	26,494	21,400	農林水産費	1,726	2,764	3,949	—
特別交付税	1,249	13,801	1,286	980	商　工　費	24,421	29,997	26,206	38,390
復興特交税	—	49,479	24,088	16,719	土　木　費	54,642	46,219	67,686	118,063
国庫支出金	58,978	137,498	167,411	80,681	消　防　費	13,336	12,159	12,115	14,085
県支出金	15,582	37,792	37,335	23,344	教　育　費	39,050	36,923	39,286	41,085
地　方　債	57,884	68,918	76,565	57,608	災害復旧費	387	62,993	41,940	25,408
そ　の　他	56,776	76,845	45,000	73,160	公　債　費	61,683	62,993	63,359	64,287
					そ　の　他	13,866	26,341	31,894	55,322
合　計	410,827	591,223	624,414	546,136	合　計	399,388	572,186	598,931	555,544

注　平成25年度は当初予算で，衛生費は民生費に，労働費・農林水産費は商工費に算入。
資料　『仙台市決算統計』

　岩手県釜石市の財政状況（**表30参照**）を見ると，第1に，歳入規模は，22年度比で23年度2.90倍，24年度対比6.37倍と大きく膨張している。
　第2に，費目別では，地方税は，22年度比で，23年度18.65％減，24年度13.28％減である。地方税の性質で，前年度課税方式であることからみて，23年度減少は，市税減免などが響いている。
　24年度も減免の影響があるが，地域経済の打撃も無視できない。さらに震災・津波の被害が，沿岸部の産業施設に，甚大な被害をもたらしたためである。
　第3に，地方交付税は，22年度比で，23年度2.32倍，24年度対比2.69倍と，大きな伸びで，22年度特別交付税5.8億円，23年度復興特別交付税48.94億円，22年度比8.43倍で，普通交付税に匹敵する交付である。
　特別交付税も23年度34.29億円，前年度比5.94倍であり，特別・復興交付税の合計84.23億円で，普通交付税額の1.64倍，市税の2.42倍であっ

III 被災自治体の財政変動の分析

た。災害規模・財政力がことなるが，北淡町は，7・8年度比で，交付税は1.21倍，特別交付税は，普通交付税の0.30倍に過ぎない。

第4に，国庫支出金も，22年度比で23年度6.68倍，24年度26.87倍，県支出金も23年度7.42倍，24年度9.32倍の大きな伸びで，23年度国庫・県支出金合計279.86億円と，市税の8.03倍，24年度824.06億円，市税の22.74倍である。

第5に，一方，地方債は，22・23年度対比で20.71％減，22・24年度対比15.31％増に過ぎない。市債発行をするまでもなく，交付税・支出金で，財源的には十分に，補填されたといえる。発行額も，24年度18億円でしかない。

歳出規模は，22年度比で23年度2.81倍，24年度6.38倍と大きく膨張している。費目別では，農林水産・教育・公債費以外は，すべての費目で増加している。

災害復旧費は，223年度比23年度185倍，24年度358倍と，驚異的な増であるが，22年度支0.23億円と，極端に少なかったからである。総務・

表30 岩手県釜石市歳入歳出の推移（普通会計） （単位：百万円）

区 分	平22 A	平23 B	平24 C	C/A％	区 分	平22 A	平23 B	平24 C	C/A％
地 方 税	4,284	3,485	3,715	86.72	総 務 費	2,800	15,424	67,155	2,398.39
地方譲与税	217	199	193	88.94	民 生 費	5,444	17,045	17,278	317.38
交 付 金	504	487	437	86.71	衛 生 費	1,690	1,331	1,306	77.28
地方交付税	5,803	13,472	15,610	269.00	労 働 費	239	494	977	408.79
普通交付税	5,226	5,149	4,938	94.49	農林水産費	503	452	891	177.14
特別交付税	577	3,429	554	96.01	商 工 費	781	1,870	1,654	211.78
復興特交税	2,653	4,894	10,118	2,687.74	土 木 費	1,083	1,282	5,161	476.55
国庫支出金	―	17,468	71,297	―	消 防 費	821	1,812	1,257	153.11
県 支 出 金	1,418	10,518	13,209	931.52	教 育 費	1,380	1,385	2,107	152.68
地 方 債	1,555	1,233	1,793	115.31	災害復旧費	23	4,252	8,236	35,808.70
そ の 他	1,982	6,604	11,132	561.65	公 債 費	2,030	2,086	2,104	103.65
					そ の 他	184	218	192	104.35
合 計	18,416	53,466	117,386	637.41	合 計	16,978	47,651	108,318	637.99

資料 『釜石市各年度決算統計』

民生費の救済・支援行政費と，土木・災害復旧費の基盤整備費が，金額的に

71

みても大きい。

ストック会計でみると，基金は，22・23年度対比で，大きく伸びているが，特定目的基金の設置で，復興基金のみでなく，交付税・補助金の前倒し措置を，繰越金処理でなく，基金設定という，対応を採用したからで，22・23年度対比10.81倍と，大幅な増加となっている。一方，地方債残高の状況は，22年度205.0億円，23年度115.0億円と，あまり増加していない。

岩手県大槌町の財政状況（**表31参照**）は，歳入規模は，22年度比は，23年度4.18倍，24年度13.28と，大きくふくらんでいる。費目別では，第1に，地方税が52.12％と半減しており，震災・津波の被害が，きわめて大きかったといえる。

第2に，地方交付税は，22年度比2.92倍，23年度2.53倍で，普通交付税に対する，特別交付税・震災特別交付税の合計は，2.02倍で，釜石市より比率は大きく，災害復旧・復興費が，大きいことをしめしている。

第3に，国庫支出金も，22年度比で，23年度10.07倍，24年度84.17倍と，さらに一段と増加し，県支出金22年度比で，23年度20.53倍，24年度16.70倍と，23年度より低下したが，依然として大きな伸びである。

交付税・支出金の23年度合計額244.82億円，地方税の48.19倍，24年度768.34億円，地方税の119.12倍と，想像をこえる比率となっている。地方債は48.56％減であり，しかも金額も3.74億円ときわめて小さい。

歳出規模を，22年度比でみると，23年度4.22倍，24年度14.79倍と大きく膨らんでいる。23年度は，農林水産・土木・教育費は，減少しているが，24年度になり復旧・復興事業が本格化すると，農林水産費は，22年度比で24年度4.74倍，土木費は，22年度比で24年度4.29倍と増加しており，復旧・復興事業が，24年度から実質的にスタートしたともいえる。その他費目は，軒並み増加しており，災害復旧費は，前年度ゼロから19.24億円と，土木費の4倍の支出となっている。

基金の状況は，22・23年度対比で，6.44倍と大幅な増加となっていのは，特定目的基金の増加である。一方，地方債残高の状況は，22年度69.3億円，

23年度65.3億円と，あまり増加していない。

表31 岩手県大槌町歳入歳出の推移（普通会計） （単位：百万円）

区 分	平22 A	平23 B	平24 C	C/A%	区 分	平22 A	平23 B	平24 C	C/A%
地 方 税	1,061	508	645	60.79	総 務 費	837	9,116	65,563	7,833.09
地方譲与税	77	75	70	90.91	民 生 費	1,674	8,615	3,064	183.03
交 付 金	165	162	145	87.88	衛 生 費	403	922	9,499	2,357.07
地方交付税	2,729	7,980	6,917	253.35	労 働 費	95	340	699	735.79
普通交付税	2,573	2,642	2,798	108.74	農林水産費	273	157	1,294	473.99
特別交付税	155	2,924	140	90.32	商 工 費	176	252	282	160.23
復興特交税	0	2,414	3,979	—	土 木 費	573	444	2,458	428.97
国庫支出金	799	8,045	67,255	8,417.40	消 防 費	378	1,136	578	152.91
県支出金	412	8,457	6,882	1,670.39	教 育 費	779	509	543	69.70
地 方 債	727	374	455	62.58	災害復旧費	0	1,924	961	—
そ の 他	741	7	6,783	915.38	公 債 費	517	911	672	129.98
					そ の 他	87	93	128	147.13
合 計	6,711	28,022	89,152	1,328.45	合 計	5,792	24,419	85,741	1,479.31

資料 『大槌町各年度決算統計』

　宮城県女川町の財政状況（**表32参照**）は，歳入規模は，22年度対比では，23年度4.61倍，24年度13.63倍と，大きくふくらんでいる。費目別では，第1に，地方税が15.28％と，沿岸被災市町村のなかでは，減少幅はすくないが，原発関係の固定資産税が，下支えしている。22年度固定資産税36.09億円あり，地方税収入の87.1％，23年度固定資産税32.40億円で，その他税目の税外収入が減少したので，92.3％をしめている。

　第2に，地方交付税は，女川町は不交付団体であったが，芦屋市のように，復興事業費の補助裏を，地方債で補填する必要がなく，しかも震災特別交付税によって，財源的には有利な展開となった。

　22年度対比では，震災重要の特別交付税が，38.39億円と，213.28倍，24年度180.61倍で，震災で特別交付税・震災復興特別交付税を，交付をうけることになり，大幅増加なった。財政力指標に関係なく，震災関連特別需要は，交付税補填措置をうけている。

第3に,国庫支出金も,22年度対比で23年度16.50倍,24年度105.80倍,県支出金も22年度比で23年度14.97倍,24年度6.98倍といずれも大きな伸びとなっている。交付税・支出金の合計額は23年度193.94億円,地方税の5.52倍,24年度650.45億円と,地方税の18.80倍で,不交付団体で地方税比率が高い。

　女川町でも,災害復興政府財政支援は,確実に投入され,肥大化していったが,地方債は22年度比で,23年度36.66％増であったは,24年度54.34％と減少している。しかも金額も1.69億円ときわめて小さい。

　歳出規模は,22度比で,23年度4.44倍,24年度8.47倍と,大きく膨らんでいる。23年度は,22年度比で,農林水産・商工費・教育費は減少しているが,その他費目は,軒並み増加しておいる。

　ただ増加傾向は,22年度比で,24年度はさらにふくらみ.農林水産費11.00倍,土木費13.35倍,災害復旧費は70.36倍と,大きく伸びておいる。

表32　宮城県女川町歳入歳出の推移（普通会計）　　（単位：百万円）

区分	平22 A	平23 B	平24 C	C/A%	区分	平22 A	平23 B	平24 C	C/A%
地方税	4,144	3,511	3,460	83.49	総務費	1,266	5,183	53,842	4229.23
地方譲与税	35	34	32	91.43	民生費	1,200	12,012	10,069	839.08
交付金	143	140	124	86.01	衛生費	912	2,097	860	94.30
地方交付税	18	3,839	3,251	18,061.11	労働費	48	174	455	947.92
普通交付税	—	—	—	—	農林水産費	338	287	2,717	1,099.70
特別交付税	18	2,269	62	344.44	商工費	172	158	101	58.72
復興特交税	556	1,570	3,189	—	土木費	660	2,146	8,811	1,335.00
国庫支出金	426	9,176	58,822	10,579.50	消防費	257	447	243	94.55
県支出金	311	6,379	2,972	697.65	教育費	609	518	513	84.24
地方債	521	425	169	54.34	災害復旧費	25	2,512	1,758	7,036.00
その他	—	1,890	68,830	1,3211.13	公債費	294	417	314	106.80
					その他	92	122	101	109.78
合計	6,154	28,394	83,896	1,363.28	合計	5,873	26,073	79,784	847.67

資料　『女川町各年度決算統計』

　基金の状況は,22・23年度対比で,3.19倍で,他市町より伸びはちいさ

いが，従来から特定目的基金が大きかったからである。地方債残高は，1.02倍しか伸びていないが，財源的に町債を発行する必要がないからである。

宮城県南三陸町の財政指標（**表33参照**）をみると，歳入指標は，22年度で，23年度3.13倍，24年度11.62倍と大きく伸びている。第1に，被害の大きさを，間接的に財政指標が示し，地方税は，22年度比で，23年度55.58％減で，半分以下であり，24年度63.20％と依然として低迷したまま，被害の大きさを，間接的に財政指標が示している。

第2に，地方交付税は，22年度比で23年度2.06倍，24年度2.63倍で，被災自治体としては，小さな伸びである。もともと財政力指数が低く，普通交付税の比率が，高いためである。特別交付税は，22年度比で，23年度比8.64倍と，大きな伸びであるが，24年度0.77倍と減少している。

特別交付税の震災特別交付税への組み換えがあったのではないか。24年度震災特別交付税65.29億円と，地方税の7.95倍で，交付税全体では12.71倍となる。ちなみに交付税・支出金合計923億円，地方税の112.5倍となる。

第3に，国庫支出金も，22年度比で，23年度7.50倍，24年度70.21倍，県支出金も22年度比で，23年度14.97倍，24年度9.12倍と大きな伸びである。交付税・支出金合計は，23年度234.94億円で，地方税5.77億円の40.72倍，24年度交付税・支出金合計922.96億円，地方税8.21億円の112.42倍である。

22・23年度の交付税・支出金の激増はすさまじく，後年度には激減するので，財政運営上は，きわめて卓抜した操作が求められる。24年度で，激変緩和できる安定財源は，地方税・普通交付税44.73億円，激変する財源は，特別交付税・震災特別交付税・支出金合計886.53億円で，安定財源の19.82倍である。

あたかも給与500万円で，1億円の臨時ボーナスがあり，しかもボーナスは貯蓄してはならず，一時的基金化は認められているが，ともかく消費が優先される。やむなく豪邸を建設したがが，維持運営費をどうするかである。

歳出規模を，22年度比でみると，23年度2.85倍，24年度11.61倍と，

24年度は23年度の4.07倍と，さらにふくらんでいるが，他の被災自治体より低い数値である。23年度農林水産・土木・教育費は減少しているが，24年度は農林水産・土木費は大きく伸びている。当然，総務・民生・災害復旧費は，軒並み大きな増加である。

表33　宮城県南三陸町歳入歳出の推移（普通会計）　（単位：百万円）

区分	平22 A	平23 B	平24 C	C／A%	区分	平22 A	平23 B	平24 C	C／A%
地方税	1,299	577	821	63.20	総務費	981	7,337	61,294	6,248.11
地方譲与税	80	78	73	91.25	民生費	1,712	8,558	19,802	1,156.66
交付金	218	199	184	84.40	衛生費	889	924	927	104.27
地方交付税	3,962	8,177	10,432	263.30	労働費	103	713	1,805	175.24
普通交付税	3,634	3,661	3,652	100.50	農林水産費	661	379	1,343	203.18
特別交付税	328	2,835	251	76.52	商工費	271	292	209	77.12
復興特交税	1,009	1,682	6,529	－	土木費	389	375	2,663	684.58
国庫支出金	516	7,569	77,164	7,021.29	消防費	960	819	533	55.52
県支出金	830	7,748	4,709	912.02	教育費	934	849	867	92.82
地方債	726	670	387	46.63	災害復旧費	23	1,840	1,897	8,247.83
その他	－	1,993	6,605	909.78	公債費	1,155	1,080	1,133	98.095
					その他	99	144	5,119	5,170.71
合計	8,640	27,011	100,375	1,161.75	合計	8,177	23,310	97,592	1,193.49

資料　『南三陸町各年度決算統計』

　基金の状況（**表35参照**）は，22・23年度対比で5.06倍と大きく伸びているが，特定目的基金の増加である。地方債は，22・23年度対比では，わずかであるが減少している。

　なお宮城県の国庫支出金の内訳（**表34参照**）を見ると，義務教育・生活保護負担金などは，復旧・復興事業と無関係の通常の負担金であるが，災害復興事業支出金は，財政規模からみて，宮城県・仙台市をふくめて，すべての被災自治体で，かなりの支出金交付となっている。

　目立つのが女川町の電源立地交付金5.62億円で，女川町人口23年9,698人，南三陸町23年度1万7,187人あるが，地方税収入も，女川町34.6億円，南三陸町8.21億円と大きい差がり，富裕団体として異質の財源構成である。

Ⅲ　被災自治体の財政変動の分析

　震災復興事業の特有の国庫交付金として，東日本大震災交付金がり，金額の巨額であり，宮城県 1,192 億円はともかくとして，女川町 510 億円は，想像を絶する交付金であり，どのような復旧・復興事業を展開するのか．興味がそそられる．

　なお被災自治体の財政規模を，大きくふくらませているのは，国庫支出金（**表 34 参照**）であるが，その内訳をみてみると，普通建設事業・災害復興事業・東日本大震災復興交付金などは，前倒し支出金の一部がふくまれており，基金となり積み立てられ，次年度に繰り入れされる，特異な会計処理がなされている．

　その規模の大きさには，驚嘆される．東日本大震災交付金は，宮城県の 1,119 億円でも巨額であるが，気仙沼市 1,136 億円，石巻市 1,264 億円，南三陸町 612 億円，女川町 510 億円と，地方税との比較でも，南三陸町で 76 倍と，破天荒ともいえる交付金となっている．

　東日本大震災の財政運営の特徴は，基金の動きで，被災自治体の基金（**表 35 参照**）をみると，財源調整基金は，女川町以外は増加しており，一般的基金として，財政安定化に寄与するはずであるが，復旧・復興事業など，巨額の不安定事業が進行中であり，安全運転の担保としては，さらに積み増しても，積みすぎということはない．

　減債基金は，大槌町以外は，横ばいであるが，地方債の増加がないので，ある意味では，当然であるが，隠れたる財政安定基金として，積み立てておくのも，財政運営の知恵として活用しても悪くない．特定目的基金は，すべての被災自治体で，大幅増加となっている．

　双葉・大熊町が，比較的積み増しが少ないのは，町自体が，原発事故で集団移転しており，復旧・復興事業ができないからである．特定目的基金は，さきにみたように国庫支出金の前倒し補助金を，プールするだけで，財政の内部留保がふえたわけでない．基金をどう運用・活用するか，復旧・復興財政において，被災自治体のガバナビリティが試されるであろう．

表34 平成24年度国庫支出金の内訳 (単位；百万円)

区分	宮城県	仙台市	気仙沼市	石巻市	南三陸町	女川町
義務教育等教育関係負担・交付金	38,869	301	0	78	0	0
生活保護費等福祉関係負担・交付金	4,097	43,028	1,837	4,711	280	118
普通建設事業支出金・委託金	33,374	552	126	115	7	0
災害復旧事業支出金	83,572	30,612	2,563	5,857	1,180	1,203
電源立地・石油貯蔵交付金	170	0	0	109	0	562
社会資本整備総合交付金	2,110	3,737	42	467	272	41
地域自立戦略交付金	5,310	1,753	113,636	0	0	0
東日本大震災復興交付金	119,192	82,894	113,636	126,443	61,230	50,983
その他	180,469	4,534	29,843	59,685	14,195	6,076
計	467,163	167,411	148,038	197,465	77,164	58,983
県支出金	0	37,335	11,987	45,309	4,709	2,972
国庫・県支出金合計	467,163	204,746	160,025	242,774	81,873	61,955

表35 被災自治体基金の状況 (単位；百万円)

区分		財政調整	減債	特定目的	合計	区分		財政調整	減債	特定目的	合計
釜石	22	866	324	590	1,780	女川	22	10,070	387	1,999	1,999
	23	1,173	303	10,382	12,972		23	9,635	392	5,413	5,413
大槌	22	758	129	300	1,187	双葉	22	216	1	3,748	3,748
	23	1,109	394	7,639	9,142		23	2,166	1	5,412	7,579
南三陸	22	824	19	1,425	1,425	大熊	22	4,636	24	5,331	9,991
	23	1,435	19	5,609	7,208		23	6,631	24	8,574	15,229

資料　総務省『市町村別決算状況調』

　被災自治体の財政指標（**表36参照**）を見ると，第1に，財政力指数は，仙台市22年度0.858, 23年度0.852, 24年度0.843と，あまり低下していない。

ただ釜石市などの市町では，大きな低下ではないが，22・23年度対比では下落している。なお神戸市でも，震災2年は，0.83と高水準を維持していたが，3年目には0.78，4年目0.74と，以後．0.64まで急落していった。

第2に，経常収支比率は，仙台市は，悪化しているが，24年度には改善されている。実質単年度収支は，22年度10.26億円，23年度74.33億円，24年度33.11億円と，大きく改善している。

ただ22・23年度対比で釜石市は84.0から93.6，大槌町も71.8から93.8へ，南三陸町も87.7から94.6への悪化している。富裕団体の女川町は75.8から78.8へとわずかに上昇している。

第3に，公債関係指標も，実質公債比率は，仙台市は，22年度11.9％，23年度15.4％，24年度14.9％と悪化しているが，起債制限比率は，22年度15.9％，23年度15.4％，24年度14.9％と，数値は確実に低下し，悪化の兆候はみられず，改善傾向にある。起債現在高（**表36参照**）も，増加しているが，22・24年度で，6.03％の増加に過ぎない。その他の被災自治体の公債関係指標は悪化していない。

第4に，基金残高（**表36参照**）は，仙台市は，たしかに増加しているが，政府の方針が，特定基金財源を事前に交付し，財政需要の発生におうじて，取り崩していく方針であるため，積立も取崩も，活発に行われている。

基金の内訳は，財政調整基金23年度254億円，24年度261億円の7億円増であり，市債管理基金が，23年度53億円から59億円と3億円の増加であるが，その他特定目的基金は，23年度1,245億円から1,903億円と658億円の増加である。全体の基金残高23年度1,552億円から，24年度2,223億円と，671億円の増加である。

ちなみに神戸市の基金残高をみると，震災時，5年度財源調整基金は，約70億円であったが，22年度の財政調整基金3億円（23年度4億円），市債管理基金212億円（23年度244億円），特定目的基金261億円（245億円）であり，合計476億円（23年度493億円）で，財政脆弱化は否定できない。

79

表36　東日本大震災被災市町財政指標　　（単位：百万円，％）

区分		財政力指数	経常収支比率	実質収支比率	公債費負担比率	実質公債費比率	将来負担比率	積立金現在高	地方債現在高
仙台	平22	0.858	95.4	11.9	21.2	11.9	155.2	85,393	717,197
	23	0.852	101.6	11.6	18.1	11.6	147.8	155,226	735,386
	24	0.843	96.5	11.3		11.3		222,300	760,475
釜石	平22	0.46	84.0	6.8	15.0	11.9	131.0	1,779	20,502
	23	0.43	93.6	37.3	9.3	12.1	88.8	12,972	19,983
大槌	平22	0.31	71.8	12.0	9.8	10.1	83.9	1,187	6,929
	23	0.30	93.8	64.1	7.9	11.8	0.00	9,143	6,527
女川	平22	1.28	75.7	3.6	5.0	4.0	0.0	12,441	3,382
	23	1.17	78.8	34.3	3.0	4.5	0.0	14,441	3,444
南三陸	平22	0.30	87.7	3.8	16.2	14.2	75.3	2,269	10,629
	23	0.29	94.6	57.5	8.9	13.3	55.4	7,508	10,397

資料　総務省『市町村別決算調』

　公債費負担・実質公債費・将来負担比率，起債現在高をみても，財政運営の危険信号は，見当たらなく，積立金の大幅増加をみており，財政指標からは，財政悪化の兆候はみられない。

　しかし，復旧・復興事業財源の膨張による，一時的現象であって，財政支援措置が先細りし，事業費が減らなく，赤字要素がふくらむと，財政指標が，は悪化することが予想され，仙台市などは，将来の財源不足1,000億円を見込んである。

　東日本大震災と阪神大震災との財政相違点は，復旧・復興事業への政府財政支援の格差にあった。被災自治体における政府財政支援と自己負担との比率（**表37参照**）をみると，政府財政支援は，兵庫・宮城県で12.37％，神戸・仙台市で13.68％の格差がみられる。北淡町の財政支援比率が高いのは，県支出金が高いからで，国庫補助金に限定すれば，北淡・女川町で47.86％の格差がみられる。

　自己負担比率は，この逆の比率となり，兵庫・宮城県で30.98％，神戸・仙台市で9.85％，北淡・女川町で15.66％との落差がみられる。阪神大震

災に被災自治体にとって，復旧・復興事業財源の負担が厳しいものであった。
　もっとも政府財政支援が多いことが，必ずしも財政収支に寄与するものでないが，東日本大震災では補助率・交付税補填率ともに高く，自己負担が低いというシステムであり，自己負担率の軽減につながった。

表37　被災自治体の財源内訳比率　　　　　　　　（単位：％）

区　分	兵庫	神戸	西宮	芦屋	北淡	岩手	宮城	仙台	女川	南三陸
国庫支出金	18.25	21.13	22.96	20.06	22.25	20.13	22.50	26.81	70.11	69.91
県支出金	—	2.53	2.12	2.12	22.53	—	—	5.98	3.54	4.27
交付税	12.15	3.76	0.14	2.22	17.92	26.33	19.27	8.31	3.88	9.45
計	30.40	27.42	25.22	24.00	62.70	46.46	42.77	41.10	77.53	83.63
地方税	21.10	13.41	23.32	20.13	3.83	9.96	12.96	27.23	4.12	7.44
地方債	30.03	35.93	35.93	45.21	16.15	8.23	7.19	12.26	0.20	0.35
計	51.13	49.34	49.34	65.34	19.98	18.19	20.15	39.49	4.32	7.79
その他	18.47	23.24	16.33	10.66	17.42	35.35	37.08	19.41	18.15	8.58
合計	100.00	100.00	100.00	100.00	100.00	100.00	100.00	100.00	100.00	100.00

注　阪神大震災は，平成8年度，東日本大震災は平成24年度。
資料　総務省『府県別決算統計』『市町村決算統計調』

注

(1) 兵庫県の主要国庫支出金をみると，6年度4,633億円のうち，災害復旧国庫補助金62億円，普通建設国庫補助金1,402億円で，震災関連費補助は，災害救助国庫補助金998億円，住宅復興促進助成基金設置237億円，生活福祉資金貸付事業費補助金119億円などであった。7年度国庫支出金4,608億円で，災害救費国庫補助金560億円，災害土木国庫補助金334億円，8年度国庫支出金4,003億円で，災害救費国庫補助金17億円と激減し，災害土木国庫補助金も，204億円減となっている。9年度は災害土木費国庫負担金51億円と減少し，震災関連費補助は急速に減少していった。
(2) 兵庫県の状況をみると，5年度減収補填債1,439億円を発行し，発行額1,947億円，6年度は減収補填債208億円と減少しが，財源対策債293億円（新規），減税補填債225億円（新規），歳入欠陥債135億円（新規）で，発行額2,243億円と増加した。7年度復興基金出資金4,000億円，災害復旧債480億円，補正予算債825億円，財源対策債380億円で，発行額7,583億円となった。平成8年度も7年度復興基金出資金2,000億円，災害復旧債367億円があったが，補正予算債，財源対策債は，発行されなかったので，発行額4,835億円と減少している。9年度災害復旧債33億円，補正予算債381億円，臨時地域基盤整備事業債561億円で，発行額2,885億円と減少している。10年度補正予算債406億円，減収補填債477億円で，発行額3,037億円と上昇している。
(3) 神戸市の交付税による震災復興事業費補填分は，東日本大震災分のように震災特別交付税として，区分されていないので，算出は不可能にちかい。ただ104頁の注（4）で，一応の算定はしている。しかし，神戸市の財政力指数は，震災後，10年で0.19ポイント低下しており，非震災分もかなり増加しており，震災分を抜き出すのはかなり困難であるが，交付税の震災分を最大限度30％として，算出した。
(4) 25年度には，東日本大震災復興交付金基金305億円，緊急雇用創出事業臨時特例基金256億円，東日本大震災津波復興基金87億円，災害廃棄物処理基金154億円，地域医療再生臨時特例基金76億円，再生可能エネルギー設備導入等推進基金41億円，介護サービス施設等臨時特例基金32億円など，約1,183億円が，繰り入れされ，事業資金となっている。
(5) 主要増加基金を見ると，地域整備基金511億円（63億円増），東日本大震災復興基金378億円（新規），東日本大震災復興交付金基金74億円（新規），地域環境

保全基金141億円（138億円増），地域医療再生臨時特例基金562億円（503億円増），緊急雇用創出事業臨時特例基金896億円（815億円増），高等学校授業料減免事業等支援臨時特例基金183億円（178億円増）などである。

Ⅳ　復興事業と被災自治体の窮乏

1　被災自治体と復興需要の激増

　震災復興は，地域経済・市民生活への被害だけでなく，自治体財政への打撃も甚大で，被災直後は，被災自治体は，財政収支を度外視して，財源投入をしていくが，救済措置・復旧事業が，一段落してから，財政収支は，本格的に悪化の兆候をみせてくる。

　政府財政支援は，阪神大震災は，基本的には激甚法・地方交付税法などの，枠組みのなかでの優遇措置で，国庫補助率も引上げ，補助裏負担の地方債充当率引上げ，その元利償還費交付税補塡拡充であった。

　ただ財政運営からみると，政府支援がすくなく，地方債での財源調達となるため，財政運営は，当然，抑制型となり，野放図な財政拡大はできない。それでも，後年度になると，次第に地方債元利償還費が，財政を圧迫していった。

　ただ阪神大震災と，東日本大震災とでは，政府財政支援で，大きな格差があったが，政府財政支援が，手厚いから，被災自治体の財政営が，安泰ということにはならない。

　たとえば100％の国庫負担で，復興事業をやっても，補助金全額が，施策・事業に，全額充当され，余裕財源が，発生することはない。

　むしろ補助事業が拡大し，平年度の財政規模に比較して，数倍の復旧復興事業がなされると，事業にともなって，発生する超過負担，派生する関連自主事業が，ふくらむと，事業後に，きわめて大きな財政悪化要因となる。

　復旧復興事業で，1割の補助対象外の負担が，発生しても，事業規模が，平年度の5倍とすると，平年度の5割の財源負担となる。震災復興関連事業の横だし・上乗せ負担とか，追加的単独施策が，必ず発生するが，復興事業の水準が，高ければ高いほど，事後の維持管理費は，かさみ，被災自治体

の財政を，長期に圧迫する。

　しかも短期の復旧・復興事業収支は，楽観的分析で遂行される。まして東日本大震災のように，事業補助金の前倒しという方式では，事業執行の前半に，ルーズな財源設計をしてしまうと，後年度の負担は，さらにふくらむ。

　しかし，交付税の財源補填機能は，後年度にもみられるが，補助金の補填機能は，相対的に低下していき，したがって後年度にいくと，事業の収支ギャップに悩まされる。

　東日本大震災は，国庫支出金主導の復旧・復興事業方式で，しかも事業費補助の前倒しで，特定目的基金を創設して，後年度の財政需要に備えるという対応である。財政運営では，後年度の財政支援が，それだけ少ないので，慎重な運営がなされなければならない。

　しかも超過負担などを考えると，財政力の脆弱な小規模市町が，巨大な震災復興事業をするのは，財政運営からみて，きわめてリスキーな事業選択である。復興事業完了後の財政収支が，どうなるか危惧される。

　東日本・阪神大大震災の個別被災自治体を，比較しながら，政府財政支援を，ベースに分析して，大震災の政府財政支援の課題を，追跡してみる。分析のポイントは，事業財源の内訳比率であるが，東日本大震災は，震災復興関連費（表40・41参照）が，通常分と震災関連分が，区分されて整理されているが，阪神大震災は，そこまではなされていない。

　それだけ特殊な財政需要とは，みなされていなかったといえる。震災復興特別交付税といった，交付税と復旧・復興事業費との関連性をしめす，特別指標も採用されなかった。震災復興需要の交付税措置は，普通交付税にも，一部震災関連費が，算入されており，正確な分析は，不可能である。

　したがってまず決算統計での分析という，大雑把な数値比較となる。まず震災関連費を，宮城・兵庫県財政で比較してみる。東日本大震災が，阪神大震災より，被害額も大きく，事態の深刻であるが，阪神大震災は，兵庫県に集中して，被害が発生しており，被災自治体の被害は，特定団体としては，東日本大震災より深刻であった。

東日本大震災は，10県に拡大され，集中の度合いも，東北3県に分散されている。兵庫県の被害は，約10兆円であるが，宮城県は，東北3県で，15兆円として，3県に均等分割すると，約5兆円となる。したがって宮城県の被害額は，兵庫県の2分の1となる。なお兵庫県の震災関連経費概要(**表38・39参照**)は，6・7年度の応急生活救護対策と，中期的に展開された復興施策と区分して，整理されている。

表38　兵庫県一般会計応急復旧・保護対策　　(単位；百万円)

区　分	平成6	平成7	合計	区　分	平成6	平成7	合計
生活救護対策	188,695	126,703	315,398	公 共 施 設	15,929	134,624	150,553
緊 急 対 策	60,318	56,054	116,372	県 立 施 設	13,896	108,270	122,166
仮設住宅対策	86,292	29,111	115,403	民 間 施 設	2,033	26,354	28,387
生活支援対策	6,879	7,434	14,313				
経済支援対策	35,206	34,104	69,310	合　　計	204,618	168,728	465,951

資料　兵庫県『各年度決算見込み』

表39　震災不帰・復興事業　　(単位；百万円)

区　分	平6	平7	平8	平9	平10
総合的推進	354	406,412	203,354	744	564
21世紀に対応した福祉まちづくり	47	2,840	25,570	45,226	57,035
世界に開かれた文化豊かな社会づくり	747	898	1,111	64,914	1,091
既存産業が高度化し次世代産業もたくましく活動するえ社会	24,194	103,353	72,526	89,914	65,582
災害に強く，安心して暮らせる都市づくり	―	25,842	38,785	89,680	37,647
多核・ネットワーク型の都市圏の形成	―	15,007	186,574	100,094	120,120
その他（災害復旧事業）	―		49,248	10,054	170
合　計	25,342,	670,412	577,168	312,757	282,209

資料　兵庫県『各年度決算見込み』

まず第1に，震災被害と，震災関連費の財政支出の比率は，兵庫県（**表**

Ⅳ　復興事業と被災自治体の窮乏

38・39参照）は，8年度でみると，被害額10兆円の5.77％で，24年度でみると，宮城県は被害5兆円の20.94％，約4倍の財源投入となっている。政府財政支援によって，復旧・復興事業費が，拡充されたからといえる。

　ことに県財政は，救済施策と復興事業が中心で，市町村のように市街地整備などの復興事業費の比率は小さい。したがって兵庫・宮城県で，震災関連費が，4倍というのは，宮城県がかなり手厚く，広汎な施策の財源措置がなされたと推測できる。

　なお震災前，財政規模は，兵庫県5年度1兆6,805億円，宮城県8,564億円で，兵庫県財政は，宮城県の1.96倍で，財政規模からみた，兵庫県の7年度震災関連費7,045億円は，宮城県の震災関連費1兆1,480億円で，兵庫県は宮城県の0.61倍で，平年度比では0.31倍となる。0.40倍となる。

　第2に，予算総額に対する，震災関連費は，兵庫県の震災関連は，6年度で11.34％，7年度31.93％，8年度26.37％で，宮城県は，23年度決算の59.78％，24年度決算の58.16％と，6割前後の高水準である。ただ兵庫県は，6年度で応急費を，計上しているが，実質的復旧・復興事業は，7・8年度であるが，それでも宮城県との比較で，20～30％低い。

　復旧・復興事業額は，兵庫県は，7年度7,968億円，8年度5,772億円である。宮城県は，23年度1兆6億円，24年度1兆47億円であるが，兵庫県7年度・宮城県23年度比較で，宮城県1.26倍，兵庫県8年度・宮城県24年度比較で，宮城県1.74倍であるが，兵庫県は平年度の財政規模との比較では，宮城県の2倍，被災額比較でも，2倍となり，平年度比較での被害額に対する復興支出額は，4倍となり，7・23年度5.04倍，8・24年度6.96倍となる。

　第3に，兵庫県の震災関連費財源内訳は，整理されていないので，震災関連費歳入の比較はできない。宮城県をみると，国庫支出金の比率が，圧倒的に高く，23年度49.26％の配分をしめている。

　また地方債比率は，数％以下で，復興財源として期待されていない。繰入金・繰越金比率は大きいが，補助金の前倒し分を基金化し，次年度に繰入金処理をしており，見掛けの財政規模は，その分だけふくらんでいる。

89

なお兵庫県の会計別震災関連費（**表40参照**）は，一般会計70.63％，特別会計26.84％，企業会計2.535％である。神戸市の会計別比率と比較すると，一般会計は，神戸市74.83％と大きいが，特別会計は8.98％で兵庫県が大きく，企業会計は神戸市が16.19％と大きい。

表40　兵庫県の震災関連経費概要　　　　（単位；百万円）

区　分	平6	平7	平8	平9	平10	合　計
一般会計	229,966	931,739	577,168	312,757	282,209	2,333,839
特別会計	17,489	296,148	200,178	217,689	155,579	887,083
公営企業会計	844	14,122	12,303	25,075	31,106	83,450
合　計	248,299	1,242,009	789,649	555,530	468,894	3,304,381

資料　兵庫県『各年度決算見込み』

　宮城県の震災関連費（**表41参照**）をみると，震災関係費は，普通会計全体に対して，24年度では67.29％と，大きな比率をしめている。歳入費目をみいると，国庫支出金32.21％，交付税17.79％で，丁度，50.00％である。
　地方債は，わずか3.24％で，地方税は計上されていない。繰入金が15.91％で大きな比率であるが，国庫支出金の基金化を繰り入れしており，実質的には，国庫支出金で，国庫支出金合計は，48.12％となる。歳出費目をみると，総務費28.38％と，最大費目となっているが，基金化による膨張でる。
　事業費としては，救済費の民生費が高く，災害復旧費は9.32％と，意外に低い。商工費18.01％であるが，おそらく事業者への融資が多くの比率をしめている。その他は，めだった費目はなく，公債費ゼロ％と，公債費負担は，災害財政にかかわらず，きわめて低く，従来の常識を覆す数値となっている。
　岩手県の震災関連費（**表42参照**）は，24年度全体予算に対して，歳入では46.32％，歳出ではでは37.10％である。歳入費目では，国庫支出金は，23年度54.3％，24年度30.8％，県債は23年度1.0％，24年度2.5％である。一般財源は，23年度26％，24年度19.1％であるが，交付税が区分されていない。

Ⅳ 復興事業と被災自治体の窮乏

表41 宮城県震災分決算額　　　　　　　　（単位；百万円）

区　分	平23	構成比	平24	構成比	区　分	平23	構成比	平24	構成比
地方交付税	294,196	25.63	211,404	17.79	総 務 費	184,842	18.37	303,312	28.38
国庫支出金	565,455	49.26	382,813	32.21	民 生 費	359,195	35.71	243,544	23.05
分担金負担金	64	0.01	600	0.05	衛 生 費	92,706	9.22	33,903	3.24
地 方 債	37,571	3.27	38,469	3.24	労 働 費	110,375	10.97	37,752	3.60
寄 付 金	30,109	2.62	3,931	0.33	農林水産費	22,068	2.19	86,446	8.25
繰 入 金	103,843	9.05	189,054	15.91	商 工 費	80,641	8.02	195,939	18.01
繰 越 金	5,926	0.52	139,143	11.71	土 木 費	23,400	2.33	29,508	2.82
諸 収 入	37,571	3.27	222,811	18.75	警 察 費	3,890	0.39	2,645	2.53
そ の 他	73,239	6.37	163	0.01	教 育 費	31,811	3.16	8,960	0.85
					災害復旧費	92,493	9.19	105,383	9.36
					公 債 費	4,511	0.45	14	0.00
					そ の 他	1	0.00	0	0.00
合 計	1,147,974	100.00	1,188,388	100.00	合 計	1,005,933	100.00	1,047,406	100.00

資料　宮城県『財政状況第126号』平成25年6月。

表42 岩手県震災対応歳入歳出内訳　　　（単位；百万円）

区　分	平24 金額	構成比	平23 金額	構成比	区　分	平24 金額	構成比	平23 金額	構成比
一般財源等	101,925	19.1	156,944	26.0	総 務 費	102,386	22.5	129,973	24.7
国庫支出金	164,671	30.8	327,451	54.3	民 生 費	32,675	7.2	129,618	24.6
繰 入 金	92,651	17.4	44,950	7.5	衛 生 費	12,656	2.8	42,950	8.2
諸 収 入	97,477	18.3	57,444	9.5	労 働 費	32,366	7.1	70,124	13.3
県 債	13,281	2.5	10,053	1.7	農林水産費	15,637	3.4	14,683	2.8
そ の 他	63,839	12.0	6,278	1.0	商 工 費	66,903	14.7	41,204	7.8
					土 木 費	31,872	7.0	15,046	2.9
					警 察 費	1,324	0.3	2,023	0.4
					教 育 費	3,288	0.7	8,059	1.5
					災害復旧費	155,291	34.2	71,013	13.5
					公 債 費	3	0.0	1,145	0.0
					税関係交付金	0	0.0	0	0.0
					そ の 他	0	0.0	0	0.0
合 計	533,844	100.0	603,120	100.0	合 計	454,401	100.0	525,840	100.0

注　一般財源等は震災復興特別交付税，特別交付税等，その他は繰越金・寄付金等
資料　岩手県『平成24年度普通会計計算等について』（平成25年9月）3・4頁。

特別交付税・復興特別交付税を，震災関連費充当交付税とすると，23年度1,598億円で，自己負担財源は-2,885億円となる。24年度でも，交付税財源9,450億円で，自己負担74億円に過ぎない。

　歳出では，総務費が，高い構成比であり，安全対策・民間支援金などであるが，基金化による，借り上げ費目となっている。民生費は，福祉支援措置である。災害復旧事業は，23年度では構成比は低いが，24年度になって本格的に事業推進がみられ，金額的にも23年度の倍増となっている。この点，宮城県と対照的で，災害復旧費がおおく，商工費がすくないという，非都市型財政である。

2　被災自治体と復興財政の悪化

　つぎに神戸市と，仙台市の震災関連費の比較をするまえに，神戸市の震災復興事業は，ほぼ終息にむかっているので，参考までに，平成 6 〜 25 年度の事業実績（**表 43 参照**）みてみる。被災自治体のよって，財政構造が，ことなるので，あくまで参考事例である。

　第 1 に，会計別は，一般会計 74.83％，特別会計 8.98％，企業会計 16.19％の比率で，企業会計の比率が，予想より大きい。水道・交通など，公営企業の震災の被害が大きく，経営状況を悪化させた。神戸市では神戸外貿埠頭公社・新交通株式会社などの外郭団体の被害も甚大であり，間接的には神戸市財政への悪化要因となった。

　第 2 に，目的別比率は，生活支援 6.33％，災害復旧 29.00％，復興事業 64.67％で，復興事業が圧倒的に大きいが，公営住宅・市街地再開発事業など，大規模事業が該当するからである。

　第 3 に，一般会計の財源内訳は，事業費総額 2.160 兆円，国庫支出金 0.635 兆円，県支出金 0.068 兆円，市債 1.035 兆円，その他 0.253 兆円，一般財源 0.169 兆円である。

　市財政の自己負担は，国庫・県支出金との差引 1.456 兆円となるが，問題は，震災関連費の交付税補填を，交付税総額で，前半 10 年度交付税の 30％，後半 10 年 15％とすると，総額 0.310 兆円となり，自己負担額 1.146 兆円，自己負担率 53.06％となる。[1]

　なお全会計では，事業費 2.89 兆円，国庫支出金 0.93 兆円，県支出金 0.07 兆円，市債 1.34 兆円，その他 0.34 兆円，一般財源 0.20 兆円となるが，交付税 0.31 兆円を差し引きすると，自己負担額 1.58 兆円，自己負担率 54.67％となる。

表43 神戸市一般会計震災関連事業財源(平成6～25年度)状況 （単位：千円）

区分		事業費	国庫支出金	県支出金	市債	その他	一般財源
一般会計	生活支援	171,167,769	9,436,307	63,966,052	77,775,867	7,200,154	12,788,389
	災害復旧	483,425,344	258,083,715	2,337,194	199,630,500	28,181,070	-4,807,135
	復興対策	1,505,669,837	367,928,490	2,078,215	757,361,846	217,537,614	160,763,772
	合計	2,160,261,950	635,448,512	68,381,461	1,034,768,213	252,918,838	168,745,026
特別会計	生活支援	11,511,331	7,106,840	162,354	406,317	3,538	297,793
	災害復旧	8,939,974	4,560,158	—	2,605,432	-13,111	1,787,495
	復興対策	238,871,164	42,225,225	5,258	163,815,000	20,704,952	12,120,729
	合計	259,322,469	53,892,223	167,612	166,826,749	24,229,869	14,206,017
企業会計	生活支援	—	—	—	—	—	—
	災害復旧	344,870,160	207,011,799	784,222	76,556,700	33,124,741	27,392,698
	復興対策	122,360,283	28,287,447	37,498	37,498	30,843,396	5,816,300
	合計	467,230,443	235,299,246	821,720	133,932,342	63,968,137	33,208,998
全会計	生活支援	182,678,100	16,543,147	64,128,406	78,182,184	10,738,181	12,788,389
	災害復旧	837,235,478	469,655,672	3,121,416	278,792,632	61,292,700	24,374,008
	復興対策	1,866,901,284	438,441,162	2,120,971	978,552,488	269,085,962	160,763,672
	合計	2,886,814,862	924,639,981	69,370,793	1,335,527,304	341,116,843	197,925,069

資料　神戸市財務課「震災関連財政調査」

　事業年度別の震災関連費(**表44参照**)をみると，応急復旧だけの初年度，6年度は，全体の2.9％，次年度の7年度36.65％，8年度20.28％，9年度11.66％で，この4年間で71.66％が支出されている。10/15年度23.14％，16/20年度4.22％，21/25年度1.22％に過ぎない。

　要するに震災直後の数間が，事業執行の山場であるが，国庫支出金に比較して，交付税補塡措置は，大幅におくれる。そのため資金繰りでは，つなぎ融資の利子負担が，無視できない負担額となる。基金の利子と相殺できるような，措置を考えなければならない。

　つぎに神戸市(**表18・19参照**)と，仙台市(**表29参照**)の市財政をみると，第1に，神戸市の被害額は，約6.9兆円と推計され，震災前の5年度一般会計約1兆円の約7倍，市税収入2,951億円の約23倍である。神戸市が，震災関連での支出は，25年当初予算までで，全会計で約2.89兆円，一般会

IV 復興事業と被災自治体の窮乏

計2.16兆円である。

仙台市の被害は、1.4兆円で、震災前の22年度財政規模4,109億円の3.41

表44　震災関連費一般会計　　　　　（単位；百万円）

区 分	事業費	国庫支出金	県支出金	市債	繰入金	その他	一般財源
平6	63,797	14,796	22,312	21,419	0	5,270	5,256
7	791,731	205,441	34,562	488,209	351	63,161	12,918
8	438,040	141,358	1,153	238,523	12	41,538	19,895
9	254,521	104,934	910	69,257	4,624	74,787	28,391
10	163,250	55,457	1,508	51,510	1,499	53,266	18,315
11	118,355	27,219	6,899	42,289	1,158	40,779	14,971
12	75,544	21,360	478	19,416	361	33,917	22,664
13	67,702	18,577	79	18,948	1,823	28,262	10,450
14	45,060	13,124	40	16,060	1,452	14,370	5,005
15	29,784	9,251	27	14,123	666	5,702	3,902
16	26,810	7,118	29	12,278	267	7,102	4,230
17	23,433	5,199	0	11,227	336	6,654	5,575
18	16,156	3,248	8	7,762	9	5,111	2,611
19	13,547	2,774	6	6,052	96	4,600	2,457
20	11,231	2,246	6	6,657	6	2,296	1,613
21	7,860	1,254	6	4,887	2	1,690	1,528
22	6,838	900	3	2,443	0	3,470	3,347
23	5,807	612	4	1,078	0	4,090	3,829
24	3,241	229	136	1,570	0	1,282	1,027
25予算	2,270	290	215	953	0	812	740
合　計	2,160,261	635,448	68,381	1,034,768	12,663	409,001	168,745

資料　神戸市財務課「震災関連財政調査」

倍、市税収入1,725億円の8.25倍である。震災被害額と財政負担は、神戸市が、仙台市の2.23倍、市税負担でも、神戸市が仙台市の7.78倍で、財政規模・自主財源からみて、神戸市財政が、数倍厳しい状況にあった。

第2に、神戸・仙台市の歳入財源内訳は、神戸市8年度は、市税15.18％、交付税3.87％、国庫支出金20.22％、県支出金2.60％、地方債37.00％である。仙台市24年度27.23％、交付税8.79％、国庫支出金

95

26.81％，市債12.26％と，神戸市の市債依存度が，大きいことが目立っている。

第3に，地方税は，神戸市は，震災5年目に回復しているが，仙台市は震災2年目には回復している。地方税は神戸市は，5・7年度対比で，82.44％と回復していないが，仙台市は22・24年度対比で，98.58％とほぼ回復している。

なお神戸市の7年度地方税比率13.41％，24年度仙台市地方税構成比27.24％である。震災前では，神戸市5年度地方税比率29.97％，仙台市41.99％である。

第4に，交付税は，神戸市震災翌年1.37倍の増加であるが，仙台市は3.61倍と，大幅な増加であり，震災2年目も，神戸市1.55倍，仙台市2.11倍と，差が縮小しているが，格差は依然として大きい。財政力指数は，神戸市7年度0.83，仙台市24年度0.84と差はないので，財政力での交付税補填に影響はない。

交付税は，神戸市7年度構成比3.76％，仙台市24年度8.31％である。震災前の神戸市5年度構成比4.47％，仙台市22年度構成比5.99％である。神戸市の交付税は，震災後，比率が低下しているのは，国庫支出金・地方債にくらべて，交付税の伸びが，小さく，その財源補填機能が，弱わかったといえる。

第5に，国庫補助金は，平年度比で神戸市は，6年度1.00倍，7年度3.17倍，仙台市は，23年度2.33倍，24年度2.84倍と，国庫補助金は，伸び率はほぼ同じである。国庫・県支出金合計は，神戸市7年度構成比23.83％，仙台市24年度32.79％で，仙台市の比率が大きい。

交付税・支出金合計比率は，神戸市7年度27.57％，仙台市24年度41.10％である。神戸・仙台市の差13.53％となる。なお震災前の交付税・支出金合計は，神戸市5年度7.36％，仙台市18.15％で，差4.62％であった。

第6に，地方債は，神戸市は5年度対比で，7年度5.71倍，仙台市22年度対比で，24年度1.32倍と大きな差となている。このこといは交付税・

Ⅳ 復興事業と被災自治体の窮乏

補助金で，復旧・復興事業費を補填できなかった分，神戸市は大量の震災復興債発行となったが，仙台市は，交付税・補助金の補填が手厚かったといえる。

地方債構成比は，神戸市7年度35.93％，仙台市24年度12.26％である。震災前，神戸市5年度11.58％，仙台市22年度14.09％であった。神戸市の地方債は，5・7年度対比で5.72倍と激増しているが，仙台市22・24年度比1.32倍の小さい伸びである。

神戸市市債残高は，5年度8,056億円から，6年度8,800億円，7年度1兆4,475億円，8年度円1兆7,161億円，11年度1兆8,891億円，そのご減少し16年度1兆7,737億円，17年度1兆4,162億円，そのご24年度1兆2,528億円と平年度化している。

第7に，神戸市は政府財政支援が，少ないため，復旧・復興財源を，地方債にもとめたが，仙台市は政府財政支援が，手厚いため，復旧・復興財源を地方債にもとんど求め必要がなかった。

神戸市は，7年度政府財政支援である交付税・支出金合計4,323億円，地方債6,518億円で，地方債は政府支援の1.51倍であるが，仙台市は，24年度政府支援2,047億円であるが，地方債766億円で，地方債は政府支援の0.37倍しかなく，復旧・復興への財源補填格差は，4.08倍と決定的落差と化している。

震災前の地方債対政府支援の比率は，5年度神戸市0.85倍と，政府支援が上回っていた。仙台市22年度0.78倍で，神戸・仙台市はあまり差はなかったが．震災によって，事態は急変したといえる。

震災復旧・復興事業費に限定してみると，第1に，神戸市8年度(**表46参照**)4,380億円，仙台市(**表47参照**)24年度1,907億円と，神戸市は2.30倍の支出であり，地方税対比でも，神戸市1.58倍，仙台市1.12倍と，差が見られる。

しかし，仙台市の震災被害額は，約1.4兆円，神戸市は，約6.9兆円で，神戸市の被害額は，仙台市の4.92倍であり，被害に対する復旧・復興事業費は，実質的には神戸市が，仙台市の0.47倍と，半分程度しかない。

第2に，震災復興の事業別財源内訳(**表45参照**)は，8年度震災復興財源

97

の内訳で神戸市の交付税分を全交付税の20％とすると，自己負担額2,621億円，59.84％となる。一方，仙台市の交付税は，震災特別交付税をそのまま採用すると，自己負担率18.51％と神戸市と約40％との大きな差がある。

　第3に，震災関連費の歳出（**表46参照**）をみると，神戸市（8年度）では，土木・都市計画・住宅・地災害復旧事業など，ハードの基盤整備事業の比率

表45　神戸市・仙台市復旧・復興事業の財源構成比　（単位；百万円）

区　分	復興事業費	財政支援額				自己負担額		
		国庫支出金	県支出金	交付税	計	地方債	その他	計
神戸市	438,040	141,558	1,153	33,195	175,906	238,523	23,611	262,134
構成比	100.00	32.32	0.26	7.58	40.16	54.45	5.39	59.84
仙台市	190,692	111,142	20,087	24,166	155,395	8,840	26,457	35,297
構成比	100.00	58.29	10.53	12.67	81.49	4.64	13.87	18.51

注　神戸市交付税は特別交付税

表46　神戸市平成8年度一般会計震災関連事業費　（単位；百万円）

区　分	事業費	財源内訳				
		国庫支出金	県支出金	市債	その他	一般財源
総　務　費	820	90	0	220	151	360
市　民　費	117	0	0	0	3	114
民　生　費	2,180	689	106	156	410	819
衛　生　費	99	88	0	0	0	11
環　境　費	201	201	0	109	9	82
商　工　費	4,173	10	0	2,739	107	1,317
農　政　費	331	0	164	51	16	100
土　木　費	22,665	3,582	68	11,381	1,482	6,152
都市計画費	90,589	29,661	0	29,153	12,121	19,654
住　宅　費	58,919	25,887	0	27,848	20	5,164
消　防　費	2,036	517	0	1,491	0	28
教　育　費	12,858	2,880	207	6,019	2,274	1,478
災害復旧事業費	129,068	77,954	518	47,413	3,967	-784
諸　支　出　金	113,984	0	90	111,943	2,199	-248
合　計	438,040	141,558	1,153	238,523	22,759	34,247

資料　神戸市『震災復興誌』474頁。

が3,0126億円，69.00％と約7割をしめている。被害救済の生活救援金交付などが，ほど完了したので，建設投資比率が，一気に上昇した。平成6年度をみると，生活救済費が56.24％，7年度14.96％，8年度1.06％と急落している。

第4に，24年度仙台市の震災関連費支出（**表47参照**）を見ると，投資的経費36.47％，目的別の土木・災害復旧事業合計で35.99％と，3分の1である。年度のズレがあるが，神戸市は建設投資以外へのひろがりが少なく，仙台市は，総務・民生費などへのひろがりがみられる。

表47　仙台市震災関連分（平成24年度）　　（単位；百万円）

区　分	決算額	区　分	決算額	区　分	震災分	通常分	全財政
地方交付税	24,166	総務費	90,502	義務的経費	5,955	204,081	210,036
分担金及負担金	774	民生費	20,878	人件費	5,623	58,161	63,785
国庫支出金	111,142	衛生費	736	扶助費	277	82,792	83,068
県支出金	20,087	労働費	2,646	公債費	55	63,128	63,183
財産収入	87	農林水産費	2,459	投資的経費	66,326	31,400	97,726
寄付金	149	商工費	1,332	普通建設事業費	24,819	30,967	55,786
繰入金	21,895	土木費	27,114	災害復旧費	41,507	433	41,940
繰越金	14,845	消防費	1,127	その他の経費	118,411	172,759	291,170
諸収入	876	教育費	586	物件費	14,812	52,637	67,449
地方債	8,840	災害復旧費	41,507	維持補修費	2	7,635	7,637
		公債費	55	補助費等	6,738	44,849	51,587
		その他		積立金	88,947	4,333	93,280
				投資及出資金	12	10,609	10,621
				貸付金	7,898	23,483	31,381
				繰出金		29,213	29,213
合計	202,863	合計	190,692	合計	190,691	408,240	598,931

震災関連費支出の費目別で，財源内訳（**表48参照**）を，神戸市が，平成6～10年度で，まとめた集計があるのでみると，費目構成比と国庫支出金比

率は，全体で 30.50％しかない。

費目別では民生費 8.72％，衛生費 78.87％，環境費 16.69％．商工費 0.09％，農政費 0.00％，土木費 15.16％，都市計画費 35.08％，住宅費 49.35％，消防費 14.31％，教育費 19.82％，災害復旧費 52.08％，その他 0.00％となっている。

復興事業費の金額が大きい，住宅・災害復旧費でも，補助率 50％前後で，都市計画費は 35％の補助率でしかない。政府財政支援には，交付税が追加されるが，国庫支出金の平均 40％としても，政府財政支援率は，国庫支出金 30％，交付税 12％として，補填率 42％，実際は 4 割補助に過ぎない。

表 48　神戸市会計別震災関連事業（平成 6 〜 10 年度）（単位；百万円）

区分	事業費	財源内訳					
		国庫支出金	県支出金	市債	その他	一般財源
総務費	3,338,212	121,219	0	592,000	629,893	1,995,100
市民費	254,714	0	0	0	28,000	226,714
民生費	108,219,181	9,345,017	3,273,012	78,581,867	2,619,443	14,399,842
衛生費	447,988	353,340	200	59,000	0	35,448
環境費	23,424,811	3,909,614	0	16,411,000	53,551	3,050,646
商工費	38,092,459	32,461	0	9,272,832	23,342,147	5,445,019
農政費	724,135	0	396,950	103,226	79,145	244,814
土木費	107,086,853	16,239,658	139,827	55,077,000	7,811,132	27,819,236
都市計画費	289,926,864	101,707,678	0	87,710,000	50,033,457	50,475,729
住宅費	253,954,700	125,328,467	500	103,128,000	631,622	24,866,111
消防費	7,297,438	1,044,799	37,700	3,757,000	17,178	2,444,761
教育費	37,478,909	7,429,792	705,827	10,569,700	11,380,677	7,392,940
災害復旧費	492,477,261	256,474,758	55,635,711	168,584,000	7,976,745	3,776,047
諸支出金	348,747,603	0	355,243	335,075,000	7,249,714	6,067,646
一般会計合計	1,711,441,128	521,986,803	60,444,970	868,920,625	111,852,677	148,236,053

資料　神戸市『阪神大震災復興誌』473 頁。

神戸市の財政指標（表 23 参照）と仙台市の財政指標（表 36 参照）をみると，大きな相違がみられる。第 1 に，神戸市の財政力指数が，低下していった。震災時の 6 年度 0.83 であったが，8 年度 0.78 と，次第に低下していき，

17年度0.64にまで低下する。

　しかし，減量経営で18年度0.66と反転し，20年度0.72となり，24年度0.74まで回復している。震災後，10年間，財政力は低下し，基金も底をつき，市債残高の累積に喘ぐ10年であった。

　第2に，神戸市の経常収支比率も，悪化していった。震災前87.9であったが，7年度106.0と，100を突破し，10年度でも99.7と改善されていない。仙台市の経常収支比率も，21年度97.4，22年度95.4，23年度101.5と悪化しているが，24年度96.5と低下している。神戸市と同様の経過である。

　第3に，神戸市の実質収支は，平成5年度1億円の黒字であるが，実際は基金取崩など222億円など，461億円を補填しており，本当の収支は，マイナス460億円であった。6年度実質収支-18億円であったが，実際は，基金取崩369億円など，733億円の補填があり，財源不足額751億円であった。

　平成7年実質的収支△37億円であったが，基金取崩333億円など，1,122億円の補填があり，実際の財源不足751億円であった。以後も基金取崩は，8年度254億円（財源不足664億円），9年度198億円，（財源不足561億円），10年度250億円（財源不足567億円）とつづいた。

　一方，仙台市の積立金は，補助金留保の特定目的基金を除外しても増加している。実質収支比率は，5年度0.1とわずかの黒字であるが，減少補填をしたからで，以後，赤字である。

　もっとも仙台市の財政収支も，苦しい状況がつづいており，実質収支比率は，22年度11.9，22年度11.6，24年度11.3と，必ずしも好転したとはいえない。実質収支額は，21年度7.9億円，22年度12.5億円，23年度12.3億円の黒字を計上しているが，実際は，収入不足を，補填した結果である。

　第4に，財政収支を補填するため，基金取崩・財産売却がなされ，5年度2,480億円あった基金は，9年度1,692億円と，788億円も減少している。24年度神戸市財政調整基金4.2億円しかないが，仙台市261億円と，政令

指定都市トップである。

　仙台市の基金は，総額は，22年度854億円，23年度1,552億円，24年度2,223億円と大幅に上昇している。内訳は，財源調整基金は，22年度196億円，23年度254億円，24年度261億円と増加している。

　市債管理基金は，22年度22億円，23年度53億円，24年度59億円である。その他特定目的基金は，22年度609億円，23年度1,552億円，24年度2,223億円である。

　第5に，過去の財源対策をみると，21年度121億円，22年度46億円，23年度24億円，24年度9億円であるが，仙台市は，24年度予算で230億円の財源不足を想定しており，26年度299億円，27年度311億円，28年度306億円の不足を推計している。

　財政調整基金で補填するにしても，1,000億円以上の不足額は，減量経営によることになるが，神戸市と同様の経過をたどるのか，前途は多難である。

　神戸市の平成18年度実質的収支1億円，財源不足15億円まで低下し，24年度実質的収支20億円と，やっと健全財政軌道の財政運営が乗せられた状況になっている。

　第6に，神戸市の市債残高が，急増していった。6年度8,056億円であったが，10年度1兆8,553億円と，1兆497億円も増加しており，10年度1.81倍の増加である。当然，財政指標も悪化し，起債制限比率5年度15.6％が，10年度21.4％と，20％の制限を突破してしまっている。

　神戸市市債残高は，5年度8,056億円から，6年度8,800億円，7年度1兆4,475億円，8年度円1兆7,161億円，11年度1兆8,891億円，そのご減少し16年度1兆7,737億円，17年度1兆4,162億円，そのご24年度1兆2,528億円と平年度化している。

　1人当り市債残高をみると，5年度53万円で，震災関連ゼロ，6年度59万円で，震災関連1万円であったが，7年度102万円，震災関連36万円，8年度121万円，震災関連51万円，9年度126万円，震災関連54万円，10年度108万円，震災関連55万円，震災関連55万円と，

一般市債53万円をこす。震災関連債は，11年度56万円をピークに減少し，24年度68万円，震災関連15万円，一般市債53万円と，平常化していういた。ただ一般市債は，9年度72万円をピークに以後低下し，15年度53万円，20年度45万円と低下し，24年度53万円と上昇し，10年以上の抑制されている。

　神戸市の復興財源は，国庫支出金・交付税補填と市債増発が，折半した形となったが，それでも財政収支は，悪化し，6～10年度で2,954億円の赤字額となっている。

　そのため市債増発でもおいつかず，減量経営を，余儀なくされた。基金の取崩し，職員数減少などで，職員数をみても，7年度2万1,7281人あった職員は，24年度1万5,460人に減少している。

　減量経営は，地域経済の振興策がどうしても，おろそかにうなり，生活再建・経済振興への積極的施策の展開ができず，復旧・復興事業がすむと，市債償還への減量経営を，余儀なくされた。[2]

注

(1) 復旧・復興事業における交付税補填の算出は，推計となる。神戸市との比較で，同類の京都市をみると，5 年度交付税 688 億円，7 年度 859 億円で，24.85％増，神戸市 5 年度交付税 440 億円，最大 7 年度で 681 億円，54.77％増と，約 29.92％，約 3 割の差があり，この分が震災関連交付税措置といえる。交付税の補助裏補填は，長期で処理されるが，震災関係でも 20 年程度が限度で，その大半は前半の 10 年間で，6～15 年度神戸市交付税額 5,419 億円の 30％を，震災関連交付税措置とみなすと 1,627 億円，後半の 16～25 年度交付税額推計 9,840 億円の 15％を交付税補填とみなすと 1,476 億円で，合計 3,103 億円となる。表 43 の自己負担（市債・その他・一般財源）合計 1 兆 4,565 億円，自己負担比率 67.42％となるが，交付税補填 3,103 億円を差し引きすると，自己負担率 53.06％となる。全会計でみると，交付税措置は，一般会計のみとすると，財政支援は，交付税をくわえて 1 兆 3,060 億円，支援率 45.24％，自己負担 1 兆 5,808 億円，54.76 となる。神戸市の自己負担は，少なくても，1.5 兆円はくだらない。

(2) 神戸市財務課のレポートは，「通常事業を超える復旧・復興事業に対しては原則，国の直轄事業あるいは全額国庫支出金により実施できるようにすべきではないか。復旧・復興事業に対する市債の償還には一定の地方財政措置がなされるとはいえ，多額の市債残高を抱えた被災自治体は長期間にわたり硬直的な財政運営を強いられる。………東日本大震災による被災自治体においては，本市が経験した以上の困難な状況が想定されるが，被災自治体が他の自治体と同じスタートラインに立てるようになるまでは，国においてしっかりとサポートとしていただく必要がある」とのべている

Ⅴ　生活再建と震災復興の総括

1　生活再建体系と生活支援の課題

　震災復旧事業では，基盤整備は，従来の方式を，踏襲するだけで，大きな課題はない。しかし，生活再建・経済振興・市街地再開発など，さまざま課題を，内蔵しており，財源投入をするから，問題が克服できるとは限らない。

　震災復興事業のすべての課題を，論及はできないので，生活再建の災害給付財政だけの，問題を追求してみる。生活再建給付は，震災のたびに給付金額・給付対象が，拡大されていき，問題は，解決にちかづいた感がある。

　しかし，生活再建といった，比較的簡単な施策でも，深刻な矛盾をはらんでいる。まして市街地再開発・地域経済振興となると，政策選択は，卓抜した能力が求められる。

　生活支援の問題は，給付額の大きさにあるが，より切実な課題が，給付の公平性であり，かぎられた財源を有効に活かし，社会的弱者を，より完全に救済するのは，被災自治体の責務でもある。

　従来，被災自治体への財政支援とか，社会基盤の災害復旧が，重要課題であったが，阪神大震災では，生活再建支援が，より重要な課題として，クローズアップされた。東日本大震災では，原発事故もあり，健康・環境問題もくわわり，生活再建は，深刻かつ重大な課題となった。

　被災者への支援は，災害のたび拡大されていき，今日では不十分とはいえ，決して低い水準ではない。しかし，生活支援（**表49参照**）は，さまざまの支援がり，体系化された，制度となっておらず，個別施策が乱立し，水準・効果・公平の視点から，おおく課題が，検証されることなく，未成熟のままである。生活再建の体系が，運営もふくめると，欠陥システムとの，批判は免れない。

　従来，政府の最大給付は，災害弔慰金であり，死亡者への見舞金で，生存者への支援は，貸付金はあったが，支援給付金は，皆無であった。この政府

V 生活再建と震災復興の総括

施策の空白を，うめていたのが，義援金であり，近年の復興基金であったが，生活再建政策が如何に，政策的にみて，不完全な状況にあったがわかる。

しかし，このようなインホーマルな対応では，限界があり，阪神大震災では，市民運動によって，被災者生活再建支援法が成立し，低所得者層への100万円，住宅全壊者への200万円の支給が，制度化された，意義はきわめて大きい。

被災者生活再建支援法は，従来，住宅再建への支援は，私有財産への公的資金援助として，拒否反応が根強かったが，この頑迷なタブーを，粉砕した。

阪神大震災の給付実績は，3,520億円であるが，災害救助法による応急救助・災害住宅をふくむ生活再建は，1兆円をこえるであろう。住民ニーズに即応した対応が，なされてきたかである。

表49 阪神・淡路大震災における被災者支援（支援金・貸付金）

区 分		実施主体	根拠法等	時 期	実 績
災害弔慰金・災害障害見舞金		市町	災害弔慰金法	平成7年2月	5,851件，177億円
災害援護資金（貸付金）		市町	災害弔慰金法	平成7年2～4月，及び10月	5.6万件，1,309億円
生活福祉資金	小口資金貸付	社協	厚生省要綱・通知	平成7年1～2月	5.4万件，77億円
	災害援護資金貸付	社協	厚生省要綱・通知	平成7年5～10月	594件，6億円
	転宅資金貸付	社協・復興基金	厚生省要綱・通知	平成8年2月～12年3月	4,511件，20億円
生活復興資金貸付		県・復興基金・金融機関	県・復興基金要綱	平成8年2月～12年3月	2.8万件，516億円
生活再建支援金		復興基金	復興基金要綱	平成9年4月～	14.7万世帯，1,415億円
被災中高年恒久住宅自立支援金		復興基金	復興基金要綱	平成9年12月～	
被災者自立支援金		復興基金	復興基金要綱	平成10年7月～17年3月	
参考・被災者生活再建支援法				平成10年11月～	

資料　兵庫県編集『伝える-阪神・淡路大震災の教訓―』89頁参照。

個別支援の課題をみると，第1の支援は，災害義援金（**表50参照**）の配付

である。阪神大震災の義援金は，平成 12 年 1 月末で，約 1,792 億円（預金利子約 6 億円をふくむ）がよせられた。ただ県・市町村・民間団体への義援金が，どこまで算入されているが，不明である。

　東日本大震災の義援金は，，日本赤十字社・中央共同募金会・NHk 厚生文化事業団体・日本放送強化強化基金という，4 団体によせられた義援金 3,669 億円（平成 25 年 5 月 31 日）で，その 9 割が，被災者に配分されている。阪神大震災では個別町村によせられた義援金約 150 億円は，「市町村交付金制度」で，市町村が独自の判断で配分することになった。

　東日本大震災の義援金は，阪神大震災の 2.05 倍で，災害の規模からみて，阪神大震災と同程度の義援金といえる。しかし，義援金の支給額は，いずれにしても大災害（**表 50 参照**）では，1 世帯当りの金額は，極端に低くなる。阪神大震災では，世帯当り 40 万円であるが，雲仙普賢岳噴火災害では，1 世帯当り金額 3,219 万円と，80.45 倍の格差があった。

　そのため，阪神大震災では，住宅の全半壊 45 万世帯を，超える膨大な被害であったが，義援金の配分は，死亡者・行方不明見舞金 10 万円，5,802 件，住宅損壊見舞金 10 万円，45 万 446 件，住宅助成金 30 万円，15 万 5,480 件などで，救助額は，少額にとどまった。

表 50　自然災害と義援金

区　分	雲仙普賢岳噴火災害	北海道南西沖地震	阪神・淡路大震災	新潟県中越地震	能登半島地震
災害発生年月	平成 2 年 11 月	平成 5 年 7 月	平成 7 年 1 月	平成 16 年 10 月	平成 19 年 3 月
全半壊（焼）	727 棟（世帯）	1,032 世帯	448,929 世帯	17,277 世帯	1,983 世帯
義援金総額	約 234 億円	約 260 億円	約 1,793 億円	約 372 億円	約 32 億円
1 世帯当り	約 3,219 万円	約 2,519 万円	約 40 万円	約 216 万円	約 161 万円

出典　兵庫県編集『伝える-阪神・淡路大震災の教訓-』87 頁。

　義援金は，迅速・公平・透明性が，原則であるが，どのような基準で配分するかである。一般的には住宅損壊の補填・社会的弱者への救済であるが，能登半島地震では，県民ボランティア基金積立金，地域コミュニティ支援基

金（町内会単位）が設立された。

　政策論として，復興基金・被災者生活再建支援金などによって，個別施策では，それなりに充実しており，これら給付との重複は，避けるべきである。しかし，迅速な支給という点では，義援金はすぐているが，ただ迅速性を重視すると，第1次・第2次・第3次と，さみだれ的給付となる。

　したがって兵庫県が採用した，災害見舞金一律10万円を，所得に関係なく配分して，将来，義援金から，補填する方式が，すぐれている。

　義援金は，裁量権がひろく，使途の拘束性がない資金であり，生活費給付・住宅建設補助といった，制度救済の網からもれた救済に充当するか，地域へのコミュニティ資金など，予算措置の乏しい分野に，充当するのが，すぐれた対応である。

　第2の支援は，災害弔慰金の支給（**表51参照**）で，災害弔慰金法が，昭和43年の制定されるまで，救済は，現物支給の鉄則から，金銭給付は，厳禁であった。

　しかし，同法の成立で，政府の現物主義の一角が，くずされたが，金銭補償に，拒否反応をもつ，政府の意向を反映して，災害弔慰金は，生活再建よりも，被災者への政府の弔慰・見舞であるとの，性格づけがなされた。

　阪神大震災では，災害弔慰金は，平成11年3月31日現在で，5,881件が支給された。東日本大震災では，約2万件，総額約570億円が支給された。

表51　東日本大震災弔慰金支給状況

区　分	支給済件数	うち被災3県	支給済額	うち被災3県
災害弔慰金	19,249件	19,045件	573億1,250万円	566億3,750万円
災害障害見舞金	72件	68件	1億2,125万円	1億1,500万円

資料　復興庁『復興の現状と取り組み』平成25年7月2日，10頁。

　弔慰金の支給対象は，まず死亡者で，生計維持者500万円，それ以外250万円であるが，生活再建の視点からみれば，きわめて不合理な対応である。弔慰金の趣旨が，政府の慰謝料であれば，500万円という，巨額の

給付をする必要はない。

　弔慰金法による災害障害者への見舞金も，生計維持者であれば250万円，それ以外だと125万円というのも，社会常識から不合理である。民事訴訟などの交通事故などの損害賠償は，数千万円である。

　生計維持者死亡者の扶養親族・震災障害者への生活保障を考えるべきで，基礎弔慰金50万円として，扶養家族のいる生計維持者・障害者への支援金は，最高1,000万円程度にすべきで，90歳の夫婦が，死亡しても，生活に困る者はいないので，基礎弔慰金で十分である。扶養者数・障害度に，比例して給付すればよい。

　生活再建という点からみれば，震災による障害者などへは，死亡者より多額の支援金が，給付されなければならない。少なくとも死亡者と同列に，扱うべきである。

　第3の支援は，災害援護資金貸付で，根拠は，災害弔慰金の支給等に関係する法律であり，阪神大震災の神戸市の事例では，24年度現在で，未償還額110億円あり，徴収不能14億円，徴収困難9億円で，このままでは数十億円ちかい，徴収不能が発生し，被災自治体の損失となる恐れがある。[1]

　しかし，東日本大震災では，特例法（平成23年度）で，保証人不要，利率の引き下げ，貸付期間・償還期間の延長にくわえて，期限到来時に無資力であれば，免除可能という特例措置が，決められた。

　ただ，生活支援金などが，充実してくると，一般被災者の場合，資金ニーズは，減少しているはずである。自営層の営業資金・住宅損壊者の再建資金など，個別の資金が優先され，当座の耐久消費財などの購入資金は，すでに公的給付金で手当されている。むしろなぜ資金が必要か，貸付金を厳しく審査すべきである。

　第4の支援は，被災者生活復興支援・貸付金の支給である。阪神大震災では，従来，応急的救助は，現物支給を原則としてきたが，平成8年12月，応急仮設住宅から，恒久住宅への移転に際して，高齢者・要介護者のいる低所得者層に「生活再建支援金」（月額1.5～2.5万円，5年間支給），中・低所得者層

に「生活復興金貸付金」の充実，貸付限度額100万円から300万円に引上げ，原則無利子（復興基金から利子補給）で実施された。

　貸付件数2万6,000件，貸付金総額約492億円（平成12年1月）となっている。さらに平成9年10月から「中高年自立支援金」が，創設され，翌10年5月から実施された。しかし，仮設住宅から公営住宅への移転資金がいるが，10万円程度であり，なぜ必要かを審査をすべきで，住宅獲得資金は，別途，住宅対策で処理すべきである。

　第5の支援は，災害住宅再建支援助成である。震災に家屋倒壊は，つきものであるが，住宅再建支援は，少なくとも阪神大震災では，個人市有財産への助成は，法律的に認められないが，一般原則であった。したがって義捐金・復興基金などの迂回助成であり，金額も多くなかった。

　平成10年6月5日，復興基金は，従来から実施していた，生活再建支援金支援制度と中高年恒久住宅自立支援金支援を統合・拡充して，「被災者自立支援金」支援を創設した。中低所得者層に対して，最高120万円（別途30万円の交流経費加算あり）の支援であり，平成12年1月末までに，約14万1,000世帯，総額約1,360億円が支給された。

　その後の鳥取県での災害で，人口定着のため，住宅復興という視点から，200万円の補助が注入された。今度の東日本大震災では，住宅再建支援の上乗せ合戦が，エスカレートしている。岩手県では「災害危険区域」の被災者に対して，移転先での住宅再建に国・県で，300万円，住宅ローン利子補給の最大708万円が支給される。

　東日本大震災では，これら支援措置に市町村で，上乗せ措置として，大船渡市が，100万円に上乗せ100万円，釜市で100万円に100万円上乗せし，地元木材使用で100万円の上乗せ，大槌町で150万円に50万円上乗せなどの優遇措置がなされている。[2]

　しかし，北海道奥尻町の例では，住宅は義捐金で，1,000万円助成して建設したが，結局，人口は流出し，住宅の空き家という事態を招いている。被災自治体が，人口流出に神経を使うのはわかるが，住宅建設だけが，人口定

着策でなく，もっとも効果のある人口定着施策に，限られた自主財源を，有効に投入すべきである。

原発事故関係は，例外として，住宅支援は，他給付との関係で，制度・施策の合理性ある給付にしなければ，不公平が拡大される，賃貸住宅補助があれば十分で，公営住宅入居者に追加的減免を適用するのは問題である。どうして持ち家という被災者は，家賃補助と同程度の支援をしなければ，不公平となる。

第6の支援は，被災者生活再建支援法が，平成10年5月に成立し，11月から実施された。しかし，阪神大震災では，すでに同類の支援が実施されていたので，復興基金の再建支援法と同額の措置がなされた。生活再建困難世帯（高齢者・中高年世帯・低所得者層）に対して，最高100万円が支給されることななった。

問題は，住宅の補修などには充当できないという，制限があったが，平成19年に改正があり，基礎支援金（最高100万円），加算支援金として住宅支援を導入し，全壊100万円，大規模半壊50万円となった。定額交付金で，査定の必要はなく，被災者・被災自治体の双方にとって，効率的システムとなっている。

財源は都道府県基金から2分の1，国庫補助金2分の1となっている。東日本大震災の生活再建支援金（**表51参照**）では，2,418億円の巨額の給付となっている。

今後，住宅関係の加算金補助を拡充していき，住宅関係支援を包括的に対応し，被害額と所得額の2つの要素で，一律，数百万円を支給し，仮設住宅も有料制（支援金から天引）にして，遠隔地住宅・民間賃貸住宅・仮設住宅・公営住宅のいずれを選択するか，被災者の選択にまかすべきである。

住宅支援をみると，仮設住宅・公営住宅の入居者が，きわめておおくの公的財政支援をうけ，さらに公営住宅でも長期にわたって，家賃補助をなし，最終的には膨大な公的給付となっているが，被災者にもそれほど，救済の実感はなく，一方，住宅の選択の違いによって，大きな不公平が，発生している。

遠隔避難の場合の交通費がいり，家族分離では，二重生活で大きな負担であり，また勤務関係から，立地限定階層の勤労者は，公営住宅にもはいれず，割高の民間賃貸住宅への入居となる。要するに現物支給的な住宅対策から，金銭給付方式に転換すべきである。

表52　東日本大震災被災者生活再建支援金の支給状況（平成25年5月31日現在）

区　分	世帯数	うち被災3県	支給額	うち被災3県
基礎支援金	187,782 世帯	170,993 世帯	1,494 億円	1,369 億円
加算支援金	101,441 世帯	89,004 世帯 a	1,212 億円	1,049 億円

資料　復興庁『復興の現状と取り組み』平成25年9月25日，7頁。

　第7の支援は，家賃支援で，公営住宅家賃減免で，10年間，前期減免10～70％，後期減免8.7～66.4％である。民間賃貸住宅に対する軽減で，家主に10年間1/6から1/2を支援する，これらの入居者へ支援額は累計で最高は数百万円となる。

　特定優良賃貸住宅（約1.2万戸）で，住宅供給公社等が早期供給のため土地所有者に建設をうながし，10～20年間一括して借上げる方式で，家賃保証をした。そのため空室への経営リスクはすべて自治体となり，巨額の財政損失を招いている。

　第8の課題は，復興基金の設置（**表52参照**）では，制度としては完全に定着したが，大災害ほぼ支給額が，相体的にすくない。義援金も同様で，被災自治体の救援行政を困難にしている。

　震災復興には，基盤整備や災害復旧，公共・公益施設の再建だけでは，生活再建はできない。住宅生活の安定やコミュニティの再生，地域経済の振興，雇用の維持・創設については，単年度予算の枠組みにとらわれない，弾力的かつきめ細かい対応が不可欠である。そのため通常の施策・事業補助でなく，復興基金が創設された。

　阪神大震災では，平成7年4月1日に，兵庫県・神戸市で，復興基金が設置され，設立当初の基金6,000億円（出資金200億円,長期借入金5,800億円）

であったが，8年度3,000億円（長期借入金）が追加された。なお長期貸付金の地方債のうち7,000億円（増額分は2,000億円）について，平成8～17年度にかけての利子の95％が，普通交付税で措置された。

東日本大震災では，さきにみたように，取り崩し型基金が設定された。今日の低金利では，従来の運用型基金では，必要な財源は捻出できないので，取り崩し型基金で対処することになった。

基金の規模は，9県で1,983.33億円，市町村分985.92億円で，県・市町村が折半している。岩手県210億円，市町村210億円，宮城県300億円，市町村330億円，福島県285億円，市町村285億円となっている。

表53　復興基金の設置状況

区　分		平成3年 雲仙岳噴火災害	平成7年 阪神・淡路大震災	平成16年 新潟中越地震	平成19年 能登半島地震	平成19年 新潟中越沖地震
被害	死者・行方不明	44名	6,437名	68名	1名	15名
	住家全壊	688棟	104,906棟	3,175棟	686棟	1,331棟
	住家半壊	107棟	144,274棟	13,810棟	1740棟	5,709棟
義援金総額		約234億円	約1,790億円	約392億円	約20億円	約37億円
基金総額及び内訳		1,090億円（当初630億円）	9,000億円（当初6,000億円）	3,050億円	500億円	1,230億円
基金の内訳		長崎県の出捐300億円，長崎県の貸付金1,000億円，義援金60億円	兵庫県・神戸市の出捐200億円，兵庫県・神戸市の貸付金8,800億円	新潟県の出捐50億円，新潟県の貸付金3,000億円	石川県の出捐0.3億円，石川県の貸付金500億円	新潟県の出捐30億円，新潟県の貸付金1,200億円
事業規模		約323億円	約3,540億円	約647億円	約38億円	約90億円

資料　黒田武一郎「特別交付税の機能についての考察」『地方財務』2112年8月47頁。

これら生活再建支援をみると，第1に，生活再建は，拡充されたが，弔慰金における障害者救済は，きわめて少ない。また阪神大震災では，震災によって，企業が倒産し，自営者の事業が，破綻したいう，経済基盤の喪失への補填は，ないままである。

阪神大震災は，企業・自営者の被害もあったが，大半は給与所得者であり，

大企業，また大企業の従業者であった。したがって住宅を，別にすれば，経済基盤が，安泰であった。その点，東日本大震災は，農業・漁業・中小企業の自営層の比率が高いだけに，生活救済は，営業施設復興との関連性が，不可分である。

　第2に，支援措置における，支援の不公平が，十分に認識されていない。被災による失業者・障害者，自営者と給与所得者，仮設住宅入居者と，地域外避難者などの，不公平である。

　公営住宅入居でも，仮設住宅入居者が，優先されたが，非仮設住宅入居者が，公営住宅入居でも，冷遇されたが，問題である。

　第3に，これら生活再建支援金は，被災者・被災自治体にとって，きわめて手続きが，繁雑であり，効果的支給になっていない。ことに零細支給では，効果がうすれる。現物支給と現金支給，分割支給と一括支給などは，被災者の選択によるべきである。

　生活再建だけでも，おおくの未解決問題がり，住宅再建・コミュニティ再生・地域経済復興と，さまざまの復旧・復興課題で，同様の問題をかかえている。ここでは生活再建を，事例とあげ，その他への追跡は，紙面の制約で割愛する。

2 復興財政総括と復興政策の課題

　阪神大震災と東日本大震災との，政府財政支援の対比をみてきたが，復旧・復興事業の遂行での問題点を，総括すると，制度設計と，運用システムの問題である。財政制度でも，制度設計がわると，被災自治体への負担転嫁とか，事業における費用効果の悪さとか，さまざまなマイナスが発生する。

　運用システムは，政策選択の問題であり，現地再建か高台移転か，その対応を誤ると，投資効果が，落ちるだけでなく，巨額の事業損失が発生し，さらに地域経済・社会の活性化にも影響する。

　制度として政府財政支援の獲得が，十分であっても，財源を如何に有効に活かすか，自治体のガバナビリティが，試される。

　まず財政問題として，第1に，戦前の災害救助は，地租収入額と災害被害との関係で，災害復旧事業の補助率が決定された。ただ地租収入方式は，都市的自治体に有利で，農村的自治体には，不利であったが，ともあれ政府の財政支援の基準になり，災害復旧事業の紛糾を封殺した。

　しかし，関東大震災のような都市災害は，適用できず，復旧・復興事業をめぐって，激しいな論争が，展開された。阪神大震災，そして東日本大震災という，大災害は多くの特例措置をひきだしたが，これらを整理し，より明確な基準を設定し，激甚法にも織り込み，次の災害に，そなえる必要がある。

　災害復興財政の制度設計を，どうするかであるが，阪神大震災は，災害救助・復旧事業費への政府財政支援が，拡充されたが，復興事業については，特例交付税補填措置はこうじなかった。政府の方針は，復旧事業は支援するが，復興事業は支援しないことを，原則とした。

　実際，区画整理事業などは，災害復旧事業に比較して，政府財政支援で冷遇された。しかし，復旧事業補助のみでは，経済再生・生活再建もとどこう

り，結局，国家財政にも大きな減収をもたらす。

東日本大震災では，原発事故もあり，大規模・広域災害として，沿岸市町の財政力を，考慮して，復旧・復興事業について，かなりの政府補助金が交付され，交付税補填も，震災特別交付税が，創設され充実した。

さらに国庫支出金では，前倒し方式で交付され，事業繰越分について，特定目的基金が，設定されたが，財政運営上，大きな問題をはらんでいる。東日本大震災復興交付金の趣旨・使途が，明確でないが，24年度気仙沼市1,136億円，石巻市1,975億円，南三陸町612億円．女川町510億円の巨額になっている。交付金だけで，平年度財政規模の数倍である。

膨大な補助事業を，単年度で消化できない場合，補助事業財源を，留保する基金積立金方式が，容認されたが。しかし，気がかりな点は，補助事業を，全額国庫支出金で処理しても，必ず超過負担・付帯事業・横だし上乗せ措置が発生し，自己負担となるが，事業規模が巨額でありため，少しの比率でも，きわめて苛酷な負担となりかねない。[3]

さらに将来の財政運営を考えると，政府財政支援の有効活用のためにも，特定目的基金で，当該特定事業を処理した，残余は一般基金化して，将来の財政負担に，備える配慮が必要である。制度的には，政府財政支援の1割程度は，別枠の震災特別交付税で，震災復興調整基金として積みますべきである。

要するに政府事業補助は，査定をして，補助金は，全額前払いで交付するが，事業遂行の効率化で，補助金が浮いても，復興基金として内部留保する，被災自治体の自主性を，認める方式を，導入すべきである。

災害復旧復興事業費の効率・経済・効果性を図っていけば，復興調整基金の財源は，捻出できるのではないか。たとえばそれ相当の理由があったと思われるが，災害がれきを，九州まで輸送して，処理するのは，かなりのコストであり，実費主義では，被災自治体の創意・工夫を殺ぐ，マイナスの効果しかない。

第2に，東日本大震災は，阪神大震災と比較にならない，膨大な復旧・

復興事業処理である。兵庫県の5・7年度対比の伸びは，1.5倍で，増加額8,444億円であるが，宮城県の22・24年度対比で，2.32倍で，増加額1兆4,311億円である。北淡町（7年度人口1万687人）の5・7年度対比2.78倍，増加額99億円であるが，女川町（22年人口1万51人）の22・23年度対比13.63倍，増加額777億円である。

　しかも東日本大震災では，復旧・復興事業の内容も，災害復旧事業が中心より，次第に地域振興・コミュニティ対策などのソフト施策の比率・項目が多くなり，施策選択・実施において，はるかにむずかしい課題をかかえている。

　たとえば「地域支え合い達成づくり」（23年度160億円，25年度23億円），「地域コミュニティ復興支援事業」（23年度40億円，24年度30億円），「被災者の心のケア」（23年度28億円，25年度18億円）などである。

　地域整備事業も，東日本大震災は，阪神大震災より，対応が困難な事業化となった。阪神大震災（全壊約10万戸，半壊約14万戸）と，東日本大震災（全壊約12万戸，半壊約19万戸）では，建物被害は，東日本大震災が，2・3割多いが，整備方法がかなり異なった。

　阪神大震災は，区画整理事業が主流で，市街地再開発事業が，傍流であったが，それでも市街地再開発事業では，巨額の事業損失に見舞われている。

　東日本震災では，高台移転・地盤沈下という，変則的再開発事業が，むしろ主流であるが，事業処理において，最適の選択が，できるのかである。従前地の地価が下落し，高台地価が高騰しており，事業化への大きな隘路となっている。

　復興事業における，事業処理設計が，公共投資の費用効果からみて，きわめて重要な戦略要素となる。災害土砂とか，高台を切り取った土砂で，地盤沈下している既成市街地の，かさ上げ土砂に，転用するなど，土木事業の一石二鳥的効果を，狙うべきである。

　第3に，東日本大震災では，復興交付金・前倒し補助金・特定目的基金方式などが採用され，柔軟な復興事業の遂行が，可能となったが，その分，財政運営のむずかしさが増した。潤沢な政府財政支援を，背景にした事業遂

行は，どうしても費用効果という点では，甘くなり，しかも前倒し方式では，事業消化を，急ぐことになる。

さらに震災復興事業が，数年でピークが過ぎ，膨大化した財政規模を縮小し，財政安定化への軌道修正へと，軟着陸できるかである。補助金方式は，交付税方式より，補助裏補填が，現年度であり，予想外の財政問題に直面して，ハードランディングとならないかである。

要するに市街地・施設整備はできたが，地域経済の衰退・人口構造の変化などに見舞われ，折角の復興事業投資が，かえって財政の重荷になりかねない。

第4に，復旧・復興事業への政府財政支援が，どういう形で終息し，どうい財政需要が，発生するのか，財政収支の見込みの予測が，困難なことである。仙台市は，26年度以降，3年間の財源不足を，916億円と推計して，歳出削減・歳入確保の対策が検討され，減量化へと軌道修正をきりつつある。

しかし，沿岸町村は，釜石市をみても，22・24年度対比で，歳出規模6.37倍，国庫支出金26.88倍，大槌町も財政規模13.28倍，国庫支出金84.17倍で，財政規模・補助金の変動があまりにも大きく，予測できないのではないか。

復旧・復興事業による，一時的公共投資の景気を，持続的景気と錯覚して，対応を誤ると，将来の財政運営は，きわめて苦しい状況に陥る。

財政運営でも，復興事業の政府財政支援は，長くて数年で，その後は，復興事業費の残務整理におわれるが，復興財源は，途絶しており，財政収支の悪化はさけられない。

被災自治体は，競って住宅再建への自主的支援額（1戸当り50〜300万円）の引き上げを，競っているが，人口定住策としての施策として，焦る気持ちは，理解できるが，雇用がなければ，折角の住宅を，見捨てて，離村を決断する羽目となる。[4]

要するに復興事業の実効性からみれば，地域経済の復興施策の選択であり，復興政策の水準如何である。ハードよりソフトであり，観光とか，第1次産業の第6次産業化で，地域経済の付加価値を高めるが，企業誘致で地域

経済の拡大を図っていくかであるが，実効性のある施策が，何かである。

第5に，将来の地域振興・生活再建への財源を，いかにして内部留保していくかである。幸い東日本大震災の政府財政支援は手厚く，自主財源の温存はできる。阪神大震災では，自主財源を，留保する余裕はなかった。

神戸市の財政をみると，概算では復旧・復興事業は，一般会計以外に，公営企業・外郭団体をふくめて，約1兆円の自己財源の支出を，余儀なくされた。もし震災がなければ，この1兆円で，コンベンション・産業技術振興基金を，拡充していれば，神戸経済もいまよりは，活性化しているであろう。

東北3県も，基金方式を活用した，企業誘致奨励・地場産業高付加価値化・コミュニティ・ビジネス支援・福祉医療教育企業化など，地域経済・社会の持続的財源発展システムづくりが，生活再建を確実にするであろう。

第6に，公共投資主導型の復旧・復興事業が，予算措置の関係もあり，拙速的に展開されるが，災害予防・減災の財政・経済学にもとづく，政策的対応・効率的処理が，どうしても粗略となる。

災害がれき処理にしても，よりすぐれた制度設計がなされたかである。災害廃棄物でも，事業実施費に対して補助する方式でなく，災害がれきのトン当たり処分費を決定して，被災自治体が，創意・工夫で処理すれば，財源が浮くといった，財政支援の新システムを考案し，実践すべきであった。

東日本大震災では，巨大防潮堤でも，津波を防げなかった。被災自治体では，個別に防潮堤の建設が，予定される一方で，集団高台移転がすすめられている。いずれにせよ，あらゆる災害に，100％の安全化対策は，不可能で，限られた資源の最適選択となる。

財政面でなく，防災・救済・復興の施策選択・政策形成として，横断的縦断的に考えてみよう。第1に，災害対策において，災害復旧復興は，費用効果からみて，防災・減災の対応策が，優先されるべきである。ハード優先の投資より，ソフト優先の予防対応である。

災害被害を，可能最大限に減少させる，もっとも安上がりの対応策は，社会対策の災害教育である。南海トラフト巨大地震で，全員が避難した場合と，

30％が避難行動を，起こさなかった場合とでは，大阪府で，8,800人と13万8,000人差が，発生している。[5]

阪神大震災でも，死者の8割は，家屋倒壊の犠牲者で，2階で寝ていれば，死亡する事は無かった。死亡者が多くなれば，政府・被災自治体の財政支出も増加する。経済的対応より，社会的対応の方が，費用効果がはるかに大きい。

第2に，阪神大震災では，都市スラムクリアランを，神戸市が，怠ったと非難されたが，震災前にスラムクリアランスを，実施することは容易でない。住民は生活コミュニティの破壊として，猛烈に反対するであろし，地方財政からみて，スラムクリアランスを，奨励するだけの補助金額も，補助率の小さい。

公共投資の動向は，道路などの建設投資が，主導権をもっており，多く場合，住環境の改善・社会資本の補修は，後まわしであり，防災・減災の視点は，欠落している。しかし，区画整理方式は，道路拡幅とみなされ，事業が狭小過密地域で，立往生してしまって，大惨事の遠因となった。

財源的により効果的なのは火災型震災では，地域防災対応として，防火水槽と地域消防システムの整備・強化が，現実的対応である。

南海トラフト地震では，地震発生後，数分で20メートルちかい津波が押し寄せるといわれているが，防潮堤で防ぎきれないので，津波対策用の救命艇が開発されている。要するにハード優先の防災主義は，財政面から行き詰まり，結局，大惨事を招きかねない。

第3に，地方財政システムは，防災・減災の要素が，欠落している。基本は災害復旧復興であり，近年，やっと公共施設の耐震化補助が，普及しだしたばかりである。

東日本大震災の副産物として，巨額の全国防災対策費が，23年度5,752億円，24年度4,827億円，25年度1,274億円，26年度1,880億円が，計上されいるが，より充実されるには，防災基金の設置を，交付税で補填するシステムを，導入すべきである。

財源がないのではない。政府は，国土強靭化施策の一環として，25年度

でも元気交付金 1.4 兆円を，散布して，箱物行政を奨励している。要するに政府の防災・減災意識は，希薄であり，ハード重視の財政体質は，払拭されていない。

第 4 に，災害復旧・復興事業における民間の活用である。仮設住宅敷地にしても，公共用地が原則であるが，民有地の有償賃貸方式も，導入しなければならい。関東大震災のように大都市圏の巨大災害には対応できない。

阪神大震災では，神戸市が，海面埋立・郊外住宅用地の，未分譲地を，大量に保有していたのて，大口提供が可能となった。これは偶然であり，東京では不可能である。ちなみ公有地といっても，企業会計用地での無償提供は，分譲の遅れによる，金利負担は，巨額であり，みえざる損失となった。

公園・学校などはともかく，民有地を考えると，有償化を検討すべきである。従来，災害救助でも，義援金への依存が，潜在意識としてあったが，まず公的対応・負担で，民間を当初から，無償で勘定にいれないのは，間違いである。

もっとも民間活用は，有効な対応であるが，制度設計・運用システムがわると，かえって公的負担の増加となりかねない。災害復興住宅問題でも，公営住宅で，すべてカバーできない。そのため民間特定優良賃貸住宅方式が，阪神大震災では，脚光をあび，積極的に導入された。

しかし，制度設計は，入居者 100％・賃貸料保証・共有部分補助という，好条件で実施されたが，市場賃貸料金の低下もあり，しかも 20 年間賃貸料収入保証のため，被災自治体は，解約できず，神戸市などでは，年 4 億円の赤字で，20 年で 80 億円となる。

制度設計が硬直的で，対応策も機能しない。民間活用は，補助はするが，民間事業の自主経営とすべきで，民間もリスクをとる，運用システムとすべきできである。要するに災害復旧・復興事業にあって，事業の費用効果，市場メカニズムの有効活用といった視点から，再検討すべきである。

第 5 に，生活再建・経済振興における，官民の連携である。復旧・復興事業は，政府直轄事業・自治体事業方式が，基本的であり，民間方式は，あくまで傍

流であった。しかし，復興事業の分野が，サービス行政にも，拡大されると，被災自治体による直接方式は，硬直性があり，機能不全をきたしやすい。

　生活支援・再建には，ボランティア団体・社会協議会・NPO法人など，さまざまの団体が，錯綜しているが，結果として実効性があがっていない。東日本大震災では，復旧・復興事業において，政府が復興基金・復興交付金方式など，弾力的包括的システムの導入を図って，自治体裁量権の拡大をみとめていった。

　しかし，サービス行政では，包括的補助・特定目的基金方式では，円滑にいかない。中間支援組織を，設立・強化して，被災者ニーズに，対応すべきである。問題は，官庁の統制と団体の自立性を，どう調整するかであるが，公益法人化し，財源を基金化して，民間サイドの運営システムを，官民融合団体で，形成していくしかない。

　ただこれら中間団体は，官庁の独占的支配と民間の独善的発想が，交錯する場となりやすいが，人材の配合・財源の多様化・事業の外部評価など，運用の実績をふまえて，調整・実施能力のある，中間機構を，官民相互協力で，培養していくしかない。

　期待され，信頼できる，中間組織といっても，団体の永続化・日常化を，図っていかなければ，人材の獲得できないし，専門知識の蓄積もできない。行政は，協議会方式・外郭団体方式をこのむが，公益法人化して，民間団体の連絡調整・資金援助・専門機能の充実など，自立・自主的な中間組織を，如何にして成熟していくかである。災害復興だけでなく，行政サービス全般に，かかわる大きな課題である。阪神大震災は，ボランティア元年といわれたが，中間機構の成熟はないままであった。

　第6に，復旧・復興事業における，施策選択システムである。阪神大震災は，区画整理方式と市街地再開発方式で，選択肢は限定されていた。しかし，事業対策の範囲・事業実施の戦略は，施策選択の裁量余地はあった。

　東日本大震災では，被災自治体の市街地再開発は，阪神大震災とことなり，津波被害から完全に防御するため，大槌町などの方針は，「高台移転を基本

とします。この場合,高台等ですべての宅地等を確保は困難であることから,今回の津波浸水範囲に盛土することなどによってって安全度を高めます」(大槌町広報誌)とのべている。両面作戦で,「多重防災型まちづくり」を,めざすとしている。

　市街地再生への基本的プランを,被災自治体と住民が,選択するべきであるが,阪神大震災より,選択肢の幅はひろく,事業戦略が．より強く求められるであろう。

　第7に,復旧・復興事業における・制度設計・費用効果の問題である。制度設計・優先順位・財源配分など,さまざまな問題がある。政府財政支援が,如何に手厚いといっても,財源には限界があり,効率的経済的効果的な事業を選択していくべきである。

　仙台市では,防潮堤の代替機能をもった,かさ上げ道路(6m)を約10km,幅員10mを,災害廃棄物の瓦礫・コンクリートなどの埋め戻し方式を,採用して整備事業を実施している。公共事業における,複合効果の模範的事例であろう。

　基盤整備・施設再建・住宅整備・市街地改造など,要するに公共投資で,資本投資をやみくもに投入しても,事業は円滑に進展しない。システムの変更の重要である。

　阪神大震災の区画整理では,狭小過密住宅の共同住宅化が,大量に事業化されたが,農地の集約化による生産向上・品質改良能力の向上などの方式が,導入され成功するかである。

　公共投資の効果は,複合効果が,大きな決め手となる。さらに公共投資の直接的投資効果(乗数効果)は,実は,それほど重要でなく,非経済効果・波及効果,事業収支効果が,より重要である。

　高台移転は,災害から逃れるという,精神的効果は,きわめて大きいが,現地再建方式に比較して,事業コストが高いという,ハンディがある。

　第8に,事業・施策における,選択の提示である。被災自治体・被災者が,事業費をどう費用負担をするか,要するにに政府・自治体でなく,自治体・

Ⅴ　生活再建と震災復興の総括

住民の費用負担の配分問題となる。

　阪神大震災の区画整理では，街区主要道路・公園などは，公共減歩で収用したので，現地換地方式に反対の住民は，被災自治体が用地を買収し，事業対象外に移転していった。比較的すっきりした，選択肢を提示することができた。

　東日本大震災では，被災自治体・高台移転・現地残留者の間で，どう費用負担をするか，要するに政府・自治体でなく，自治体・住民の費用負担の配分問題が，適正に処理されるかである。

　第9に，災害と同時に多く課題が，噴出するが，冷静にみれば，日常的行政サービスの延長線上にある。生活支援・復旧事業・医療サービス・まちづくりなど，行政システムが，いつでも平時のシステムが，臨戦体制に再編成して，対応できるシステムで，なければならない。

　住民との対話といっても，日常茶飯事におこっている課題で，なにも震災復興事業での，特有の問題でない。

　しかし，公共投資などは，被災自治体の官庁システムの延長上にあるが，災害救助・生活再建は，官庁システムの苦手とする分野であり，官庁の能力をこえる。

　だが純然たる個別民間団体を，中間調整機関としての，財源・機能を付与することは問題があり，公益法人化して，公共・民間の連合機関として，平時であっても，自治体と住民との連携・補完・高次機能を発揮できる，機関を強化すべきで，自治体の能力が試される。

　大災害となると，市町村職員がいくら頑張っても，救済施策は不十分であり，民間機関との連携・代替施行を，財政面で補填していくシステムを，成熟させていかなければならない。

　第10に，震災復興の最終目的は，地域社会・経済の振興である。産業復興と震災復興をみると，基盤整備と施設建設だけでは，産業は復興しないとうことである。

　北海道奥尻町は，1993年7月の津波被害にあったが，町予算の17年分

125

の匹敵する，764億円の復興事業を実施し，巨大防潮堤と高台移転も実現した。さらに義援金190億円で，住宅再建助（最大1,250万円）・中小企業助成（商店再建最大4,500万円）も実施したが，人口は震災時の4,700人から減少し2,900人（13年現在）になっている。建設した小学校も，10年もたたず廃校になっている。[6]

東日本大震災では，東日本大震災事業者再生支援機構などが設立され，事業の債務処理もふくめた再生支援がなされ，阪神大震災より，一段と進歩した体制が形成された。また事業再開支援でも，事業費4,144億円（国1/2，県1/4）で，交付企業数9,365社をかぞえる。

要するに復旧・復興事業の過程で，地域力・文化力・起業力・連帯力を，培っていき，人口減少・経済縮小にも，耐えられる独自性を発揮できるかである。ものを生産することは容易であるが，第1次産業の第6次産業化ができるかである。文化力を付加して，地場産業の高付加価値化に成功するかが，連帯力をいかして，販売力の飛躍化を，達成できるかである。

復旧復興事業が，完成しても，人口が半減すれば，効果も半減する。復旧復興事業を最終的に決定するのは，地域経済の活性化であるが，構造的ハンディをかかえた，沿岸地域の再生は，かなり卓抜した政策対応が不可欠である。

震災後の神戸市による地域経済振興策をみても，医療再生ゾーンの形成が，着実な成果をみているが，生活文化産業へのテコ入れは，きわめて乏しい。震災復興で，財政再建が急務であったが，経済振興には，タイムリーな投入が，実効性がある。

東日本大震災の被災自治体にとっても，地域経済振興が，生活再建にも波及効果があり，地域特性を生かした施策が，復旧・復興事業の効果をも，決定していくであろう。

V 生活再建と震災復興の総括

注

(1) 第1に，貸付金対象者は，一定所得以下（事例1人220万円，3人総所得580万円以下）で，住宅・家財 被害金額が，3分の1以上の損害又は世帯主負傷（療養1月以下）の世帯，住宅滅失の場合，世帯人数に関係なく1,270万円である。第2に，貸付限度額は，被害の程度に応じて150～350万円（最高）である。第3に，連帯保証人1人が必要である。第4第，貸付時期は，第1次平成7年3月24日～4月30日受付，第2次平成7年10月1日～10月31日受付となった。第5に，償還方法は，期間10年（内据置5年），年利3%（据置期間無利子）であったが，その後12年に延長された。第7に，返還方法は，原則半年賦・元利均等方式であったが，月割償還（半年賦を6分割），少額償還（所得・経費要審査）が追加かされた。第6に，原資負担は，国3分の2（11年間の無利子貸付），都道府県・指定都市3分の1（起債）である。第7に，貸付・償還状況（平成25年3月31日現在）は，神戸市では貸付額776.92億円（3万1,672人），償還済額＋免除額666.83億円（2万4,838人），未償還額110.09億円（6,834人）で，未償還額内訳・少額償還87.22億円（5,649人），徴収不可能13.68億円（700人），徴収困難9.19億円（485人），償還状況；貸付額85%，貸付人数78.4%が償還済である。第8に，還元業務の組織・体制；平成12～17年（本来の償還期間）50～60人程度，18年度人，19年度以降30人（うち償還指導員11人）となっている。

(2) 朝日新聞1013.9.7。

(3) 神戸市の都市計画費（表48参照）2,892億円であるが，国庫負担金1/2，補助裏負担交付税算入36%で，事業化されたが，実際は，国庫補助金1,017億円で，補助率35.08%で，交付税補填措置は国庫補助金の36%で，336億円で，自己負担額681億円のはずが，1,546億円で，交付税差引で1,210億円，529億円の超過負担で，超過負担率18.14%であった。東日本大震災は，裏負担100%補填でも，超過負担率は，かわらないであろう。

(4) 朝日新聞1013.9.7。

(5) 朝日新聞1013.10.30。

(6) 朝日新聞1013.7.16～18，7.27。

参考文献

高寄昇三『阪神大震災と自治体の対応』学陽書房 1996
高寄昇三『阪神大震災と生活復興』勁草書房　1999
神戸市『阪神大震災復興誌』1999
兵庫県編集『伝える - 阪神・淡路大震災の教訓 -』2009
総理府『阪神・淡路大震災復興誌』2000
復興庁『復興の現状と取り組み』(平成 25 年 9 月 25 日)

【著者紹介】

高寄　昇三（たかよせ・しょうぞう）
1934年神戸市に生まれる。1959年京都大学法学部卒業。
1960年神戸市役所入庁。
1975年『地方自治の財政学』にて「藤田賞」受賞。1979年『地方自治の経営』にて「経営科学文献賞」受賞。
1985年神戸市退職。甲南大学教授。
2003年姫路獨協大学教授。2007年退職。

著書・論文
『市民自治と直接民主制』、『地方分権と補助金改革』、『交付税の解体と再編成』、『自治体企業会計導入の戦略』、『自治体人件費の解剖』、『大正地方財政史上・下巻』、『昭和地方財政史第1巻・第2巻』、『政令指定都市がめざすもの』、『大阪都構想と橋下政治の検証』、『虚構・大阪都構想への反論』、『大阪市存続・大阪都粉砕の戦略』、『翼賛議会型政治・地方民主主義への脅威』（以上公人の友社）、『阪神大震災と自治体の対応』、『自治体の行政評価システム』、『地方自治の政策経営』、『自治体の行政評価導入の実際』、『自治体財政破綻か再生か』（以上、学陽書房）』、『明治地方財政史・Ⅰ～Ⅴ』（勁草書房）、『高齢化社会と地方自治体』（日本評論社）など多数

政府財政支援と被災自治体財政
～東日本・阪神大震災と地方財政～

2014年2月10日　初版発行

　　　著　者　　高寄　昇三
　　　発行人　　武内　英晴
　　　発行所　　公人の友社
　　　　　　　〒112-0002　東京都文京区小石川5-26-8
　　　　　　　TEL 03-3811-5701
　　　　　　　FAX 03-3811-5795
　　　　　　　Eメール info@koujinnotomo.com
　　　　　　　http://koujinnotomo.com/
　　　印刷所　　倉敷印刷株式会社

住民監査請求制度の危機と課題

田中孝男

定価 1,575 円（本体 1,500 円＋税）
ISBN 978-4-87555-627-5

住民監査請求が活発に提起されること自体は自治体当局の《危機》かもしれないが自治体の《危機》ではない。地方自治行政の現場で、住民監査請求制度本来の趣旨を損なうような運用がなされたり、そのような制度改革が進められることが自治体の《危機》なのである。

ゼミ・勉強会テキストに最適

政府財政支援と被災自治体財政

高寄昇三

定価 1,680 円（本体 1,600 円＋税）
ISBN978-4-87555-634-3

大災害における政府財政支援は、従来、補助金・交付税・地方債の補填率などの引上げ措置ですまされてきた。しかし、これは国の責任放棄で、被災自治体の生存権を保障していこうとする意欲が欠落しているのではないか。

自治体連携と受援力 ～もう国に依存できない

神谷 秀之・桜井 誠一

定価 1,680円（本体 1,600円＋税）
ISBN 978-4-87555-621-3

東日本大震災は、自治体間の相互支援・国に頼らずに自治体が自発的に行動する新たな政治・行政の姿を映し出した。自立した個々の自治体が「受援力」を身につけ「支援力」を磨くとは？

ゼミ・勉強会テキストに最適

政策転換への新シナリオ

小口 進一

定価 1,575円（本体 1,500円＋税）
SBN978-4-87555-616-9

日本の人口減少は、今後の自治体運営に大きな影響を及ぼし、既成自治体政策の総合的見直しや改革、さらには地域社会の未来を展望した新たな政策づくりを必要としてくる。
本書は、自治体政策の大胆な組み替えと削減案を提起する。

2000年分権改革と自治体危機

松下 圭一

定価 1,575円（本体 1,500円＋税）
ISBN 978-4-87555-625-1

自民党政権復帰による〈官僚内閣制〉への逆行・回帰という《自治体改革》の新しい危機をめぐって、本書は、日本の《自治体改革》の基本軸となる「二〇〇〇年分権改革」の意義と課題、さらに自治体改革の今日的すすめ方について、その再確認をめざす。

自治体〈危機〉叢書

自治体財政破綻の危機・管理

加藤 良重

定価 1,470円（本体 1,400円＋税）
ISBN 978-4-87555-615-2

国・自治体をあわせた借金総額が1000兆円を超え、世界最悪。2009年には期待された政権交代もあったが、中央官僚の抵抗にあって、自治・分権の行く手に暗雲がかかったままである。今こそ、自治体は、行政・財政の自己改革を徹底しなければならない。

[地方財政史]

No.3 福島町の議会改革
議会基本条例=開かれた議会づくりの集大成
溝部幸基・石堂一志・中尾修・神原勝 1,200円

大正地方財政史・上巻
大正デモクラシーと地方財政

大正地方財政史・下巻
政党化と地域経営 都市計画と震災復興

昭和地方財政史・第一巻
地域格差と両税委譲 分与税と財政調整

昭和地方財政史・第二巻
補助金の成熟と変貌 匡救事業と戦時財政

昭和地方財政史・第三巻
府県財政と国庫支援 地域救済と府県自治

高寄昇三著 各5,000円

[私たちの世界遺産]

No.1 持続可能な美しい地域づくり
五十嵐敬喜他 1,905円

No.2 地域価値の普遍性とは
五十嵐敬喜・西村幸夫 1,800円

No.3 世界遺産登録・最新事情
長崎・南アルプス
五十嵐敬喜・西村幸夫 1,800円

No.4 新しい世界遺産の登場
南アルプス [自然遺産]
山口 [近代化遺産] 九州・
五十嵐敬喜・西村幸夫・岩槻邦男・松浦晃一郎 2,000円

[別冊] No.1 ユネスコ憲章と平泉・中尊寺供養願文
五十嵐敬喜・佐藤弘弥 1,200円

[別冊] No.2 平泉から鎌倉へ
鎌倉は世界遺産になれるか?!
五十嵐敬喜・佐藤弘弥 1,800円

[単行本]

フィンランドを世界一に導いた100の社会改革
編著 イルカ・タイパレ
監修 木佐茂男
訳 山田眞知子 2,800円

公共経営学入門
編著 ボーベル・ラフラー
訳 みえガバナンス研究会
監修 稲澤克祐、紀平美智子 2,500円

変えよう地方議会
~3・11後の自治に向けて
編著 河北新報社編集局 2,000円

自治体職員研修の法構造
田中孝男 2,800円

自治基本条例は活きているか?!
~ニセコまちづくり基本条例の10年
編 木佐茂男・片山健也・名塚昭 2,000円

国立景観訴訟
~自治が裁かれる
編著 五十嵐敬喜・上原公子 2,800円

NPOと行政の《協働》活動における「成果要因」
~まちとアートの関係史 成果へのプロセスをいかにマネジメントするか
矢代隆嗣 3,500円

アニメの像 VS.アートプロジェクト
~まちとアートの関係史
竹田直樹 1,600円

自治体職員の「専門性」概念
~可視化による能力開発への展開
林奈生子 3,500円

自治体国際政策論
~自治体国際事務の理論と実践
楠本利夫 1,400円

韓国における地方分権改革の分析
~弱い大統領と地域主義の政治経済学
尹誠國 1,400円

地方自治制度「再編論議」の深層
監修 木佐茂男
著 青山彰久・国分高史 1,500円

成熟と洗練
~日本再構築ノート
松下圭一 2,500円

[生存科学シリーズ]

No.15 対話と議論で〈つなぎ・ひきだす〉ファシリテート能力育成ハンドブック
土山希美枝・村田和代・深尾昌峰　1,200円

No.16 「質問力」からはじめる自治体議会改革
土山希美枝　1,100円

No.2 再生可能エネルギーで地域がかがやく
秋澤淳・長坂研・小林久　1,100円

No.3 小水力発電を地域の力で
小林久・戸川裕昭・堀尾正靱　1,200円＊

No.4 地域の生存と社会的企業
柏雅之・白石克孝・重藤さわ子　1,200円

No.5 地域の生存と農業知財
澁澤栄・福井隆・正林真之　1,000円

No.6 風の人・土の人
千賀裕太郎・白石克孝・柏雅之・福井隆・飯島博・曽根原久司・関原剛　1,400円

No.7 地域からエネルギーを引き出せ！PEGASUSハンドブック（環境エネルギー設計ツール）
監修：堀尾正靱・白石克孝、著：行政法人科学技術振興機構　社会技術研究開発センター「地域に根ざした脱温暖化・環境共生社会」研究開発領域　地域分散電源等導入タスクフォース　1,400円

No.8 地域分散エネルギーと「地域主体」の形成
重藤さわ子・定松功・土山希美枝　1,400円

No.9 省エネルギーを話し合う実践プラン46
エネルギーを使う・創る・選ぶ
編著：中村洋・安達昇
編著者：独立行政法人科学技術振興機構　社会技術研究開発センター「地域に根ざした脱温暖化・環境共生社会」研究開発領域　1,500円

[都市政策フォーラムブックレット]

No.1 「新しい公共」と新たな支え合いの創造へ
渡辺幸子・首都大学東京　教養学部都市政策コース　900円（品切れ）

No.2 景観形成とまちづくり
首都大学東京　都市教養学部都市政策コース　1,000円

No.3 都市の活性化とまちづくり
首都大学東京　都市教養学部都市政策コース　1,100円

[朝日カルチャーセンター地方自治講座ブックレット]

No.1 自治体経営と政策評価
山本清　1,000円

No.2 ガバメント・ガバナンスと行政評価
星野芳昭　1,000円（品切れ）

No.4 「政策法務」は地方自治の柱づくり
辻山幸宣　1,000円

No.5 政策法務がゆく
北村喜宣　1,000円

[政策・法務基礎シリーズ]

No.1 自治立法の基礎
東京都市町村職員研修所　600円（品切れ）

No.2 政策法務の基礎
東京都市町村職員研修所　952円

[京都政策研究センターブックレット]

No.1 地域貢献としての「大学発シンクタンク」の挑戦
編著：青山公三・杉岡秀紀・藤沢実　1,000円

[北海道自治研ブックレット]

No.1 市民・自治体・政治
再論・人間型としての市民
松下圭一　1,200円

No.2 議会基本条例の展開
その後の栗山町議会を検証する
橋場利勝・中尾修・神原勝　1,200円

No.102 道州制の論点と北海道　佐藤克廣　1,000円
No.103 自治基本条例の理論と方法　神原勝　1,100円
No.104 働き方で地域を変える　山田眞知子　800円（品切れ）
No.107 公共をめぐる攻防　樽見弘紀　600円
No.108 三位一体改革と自治体財政　岡本全勝・山本邦彦・北良治　1,000円
No.109 連合自治の可能性を求めて　松岡市郎・堀則文・三本英司・佐藤克廣・砂川敏文・北良治他　1,000円
No.110 「市町村合併」の次は「道州制」か　逢坂誠二・川村喜芳　1,000円
No.111 コミュニティビジネスと建設帰農　松本懿・佐藤吉彦・橋場利夫・山北博明・飯野政一・神原勝　1,000円
No.112 「小さな政府」論とはなにか　牧野富夫　700円
No.113 栗山町発・議会基本条例　橋場利勝・神原勝　1,200円
No.114 北海道の先進事例に学ぶ　宮谷内留雄・安斎保・見野全・佐藤克廣・神原勝　1,000円
No.115 地方分権改革の道筋　西尾勝　1,200円
No.116 転換期における日本社会の可能性　維持可能な内発的発展　宮本憲一　1,100円

【TAJIMI CITY ブックレット】

No.2 転型期の自治体計画づくり　松下圭一　1,000円
No.3 これからの行政活動と財政　西尾勝　1,000円（品切れ）
No.4 構造改革時代の手続的公正と第二次分権改革　鈴木庸夫　1,000円
No.5 自治基本条例はなぜ必要か　辻山幸宣　1,000円
No.6 自治のかたち、法務のすがた　天野巡一　1,100円
No.7 自治体再構築と職員における行政組織と職員の将来像　今井照　1,100円（品切れ）

【地域ガバナンスシステム・シリーズ】
（龍谷大学地域人材・公共政策開発システム・オープン・リサーチセンター（LORC）…企画・編集）

No.1 地域人材を育てる自治体研修改革　土山希美枝　900円
No.2 公共政策教育と認証評価システム　坂本勝　900円
No.3 暮らしに根ざした心地よいまち　1,100円
No.4 持続可能な都市自治体づくりのためのガイドブック　1,100円
No.5 英国における地域戦略パートナーシップ　編：白石克孝、監訳：的場信敬　900円
No.6 マーケットと地域をつなぐパートナーシップ　編：白石克孝、著：園田正彦　1,000円
No.7 政府・地方自治体と市民社会の戦略的連携　的場信敬　1,000円
No.8 多治見モデル　大矢野修　1,400円
No.9 市民と自治体の協働研修ハンドブック　土山希美枝　1,600円
No.10 行政学修士教育と人材育成　坂本勝　1,100円
No.11 市場と向き合う自治体　市場化テストをいかに導入すべきか　小西砂千夫・稲澤克祐　1,000円
No.12 イギリスの資格履修制度　資格認証を通しての公共人材育成　小山善彦　1,000円
No.9 「政策財務」の考え方　加藤良重　1,000円
No.10 アメリカ公共政策大学院の認証評価システムと評価基準　早田幸政　1,200円
No.8 持続可能な地域社会のデザイン　植田和弘　1,000円
No.11 市場と向き合う自治体　竹下譲　1,000円
No.14 炭を使った農業と地域社会の再生　市民が参加する地球温暖化対策　井上芳恵　1,400円

No.48 介護保険は何をかえるのか 池田省三 1,100円
No.49 介護保険と広域連合 大西幸雄 1,100円
No.50 自治体職員の政策水準 1,000円
No.51 分権型社会と政策水準 森啓 1,000円
No.52 自治体における政策評価の課題 篠原一 1,000円
No.53 小さな町の議員と自治体 室埼正之 900円
No.55 改正地方自治法とアカウンタビリティ 佐藤克廣 1,000円
No.56 財政運営と公会計制度 鈴木庸夫 1,200円
No.57 自治体職員の意識改革を如何にして進めるか 宮脇淳 1,100円
No.59 環境自治体とISO 林嘉男 1,000円
No.60 転型期自治体の発想と手法 畠山武道 700円
松下圭一 900円

No.61 分権の可能性 スコットランドと北海道 山口二郎 600円
No.62 機能重視型政策の分析過程と財務情報 宮脇淳 800円
No.63 自治体の広域連携 宮脇淳 800円
No.64 分権時代における地域経営 佐藤克廣 900円
No.65 町村合併は住民自治の区域の変更である 見野全 700円
No.66 自治体学のすすめ 森啓 800円
No.67 市民・行政・議会のパートナーシップを目指して 田村明 900円
No.69 新地方自治法と自治体の自立 松山哲男 700円
No.70 分権型社会の地方財政 井川博 900円
No.71 自然と共生した町づくり 神野直彦 1,000円
宮崎県・綾町 森山喜代香 700円

No.72 情報共有と自治体改革 片山健也 1,000円
No.73 地域民主主義の活性化と自治体改革 山口二郎 900円
No.74 分権は市民への権限委譲 上原公子 1,000円
No.75 今、なぜ合併か 瀬戸亀男 800円
No.76 市町村合併をめぐる状況分析 小西砂千夫 800円
No.78 ポスト公共事業社会と自治体政策 五十嵐敬喜 800円
No.80 自治体人事政策の改革 森啓 800円
No.82 地域通貨と地域自治 西部忠 900円（品切れ）
No.83 北海道経済の戦略と戦術 宮脇淳 800円
No.84 地域おこしを考える視点 矢作弘 700円
No.87 北海道行政基本条例論 神原勝 1,100円

No.90 「協働」の思想と体制 森啓 800円＊
No.91 協働のまちづくり 三鷹市の様々な取組みから 秋元政三 700円＊
No.92 シビル・ミニマム再考 松下圭一 900円
No.93 市町村合併の財政論 高木健二 800円＊
No.95 市町村行政改革の方向性 佐藤克廣 800円
No.96 創造都市と日本社会の再生 佐々木雅幸 900円
No.97 地方政治の活性化と地域政策 山口二郎 800円
No.98 多治見市の総合計画に基づく政策実行 西寺雅也 800円
No.99 自治体の政策形成力 森啓 700円
No.100 自治体再構築の市民戦略 松下圭一 900円
No.101 維持可能な社会と自治体 宮本憲一 900円

【地方自治土曜講座ブックレット】

No.1 現代自治の条件と課題 神原勝 800円

No.2 自治体の政策研究 森啓 500円

No.3 現代政治と地方分権 山口二郎 500円

No.4 行政手続と市民参加 畠山武道 500円

No.5 成熟型社会の地方自治像 間島正秀 500円

No.6 自治体法務とは何か 木佐茂男 500円

No.7 自治と参加 アメリカの事例から 佐藤克廣 500円

No.8 政策開発の現場から 小林勝彦・大石和也・川村喜芳 800円

No.9 まちづくり・国づくり 五十嵐広三・西尾六七 500円

No.10 自治体デモクラシーと政策形成 山口二郎 500円

No.11 自治体理論とは何か 森啓 500円

No.12 池田サマーセミナーから 間島正秀・福士明・田口晃 500円 *

No.13 憲法と地方自治 中村睦男・佐藤克廣 500円（品切れ）

No.14 まちづくりの現場から 斉藤外一・宮嶋望 500円 *

No.15 環境問題と当事者 畠山武道・相内俊一 500円

No.16 情報化時代とまちづくり 千葉純一・笹谷幸一 600円（品切れ）

No.17 市民自治の制度開発 神原勝 500円

No.18 行政の文化化 森啓 600円

No.19 政策法務と条例 阿部泰隆 600円 *

No.20 政策法務と自治体 岡田行雄 600円（品切れ）

No.21 分権時代の自治体経営 北良治・佐藤克廣・大久保尚孝 600円 *

No.22 地方分権推進委員会勧告とこれからの地方自治 西尾勝 500円 *

No.23 産業廃棄物と法 畠山武道 600円 *

No.24 自治体計画の理論と手法 神原勝 600円 *

No.25 自治体の施策原価と事業別予算 小口進一 600円（品切れ）

No.26 地方分権と地方財政 横山純一 600円（品切れ）

No.27 比較してみる地方自治 田口晃・山口二郎 600円 *

No.28 議会改革とまちづくり 森啓 400円（品切れ）

No.29 自治体の課題とこれから 逢坂誠二 400円（品切れ）

No.30 内発的発展による地域産業の振興 保母武彦 600円（品切れ）

No.31 地域の産業をどう育てるか 金井一頼 600円 *

No.32 金融改革と地方自治体 宮脇淳 600円 *

No.33 ローカルデモクラシーの統治能力 山口二郎 400円 *

No.34 政策立案過程への戦略計画手法の導入 佐藤克廣 500円 *

No.35 「変革の時」の自治を考える 神原昭子・磯田憲一・大和田健太郎 600円 *

No.36 地方自治のシステム改革 辻山幸宣 400円（品切れ）

No.37 分権時代の政策法務 礒崎初仁 600円 *

No.38 地方分権と法解釈の自治 兼子仁 400円 *

No.39 「近代」の構造転換と新しい「市民社会」への展望 今井弘道 500円 *

No.40 自治基本条例への展望 辻道雅宣 400円 *

No.41 少子高齢社会の自治体の福祉法務 加藤良重 400円 *

No.42 改革の主体は現場にあり 山田孝夫 900円 *

No.43 自治と分権の政治学 鳴海正泰 1,100円 *

No.44 公共政策と住民参加 宮本憲一 1,100円 *

No.45 農業を基軸としたまちづくり 小林康雄 800円 *

No.46 これからの北海道農業とまちづくり 篠田久雄 800円 *

No.47 自治の中に自治を求めて 佐藤守 1,000円 *

No.40 政務調査費 宮沢昭夫 1,200円（品切れ）
No.41 市民自治の制度開発の課題 山梨学院大学行政研究センター 1,200円
No.42 《改訂版》自治体破たん・「夕張ショック」の本質 橋本行史 1,200円＊
No.43 分権改革と政治改革 西尾勝 1,200円
No.44 自治体人材育成の着眼点 浦野秀一・井澤壽美子・野田邦弘・西村浩・三関浩司・杉谷戸知也・坂口正治・田中富雄 1,200円
No.45 シンポジウム障害と人権 橋本宏子・森田明・湯浅和恵・池原毅和・青木九馬・澤静子・佐々木久美子 1,400円
No.46 地方財政健全化法で財政破綻は阻止できるか 高寄昇三 1,200円
No.47 地方政府と政策法務 加藤良重 1,200円
No.48 政策財務と地方政府 加藤良重 1,400円
No.49 政令指定都市がめざすもの 高寄昇三 1,400円
No.50 良心的裁判員拒否と責任ある参加 市民社会の中の裁判員制度 著：大城聡 1,000円
No.51 討議する議会 自治体議会学の構築をめざして 江藤俊昭 1,200円
No.52【増補版】大阪都構想と橋下政治の検証 府県集権主義への批判 高寄昇三 1,200円
No.53 虚構 大阪都構想への反論 橋下ポピュリズムと都市主権の対決 高寄昇三 1,200円
No.54 大阪市存続・大阪都粉砕の戦略 地方政治とポピュリズム 高寄昇三 1,200円
No.55「大阪都構想」を越えて 問われる日本の民主主義と地方自治 編著：大阪自治体問題研究所 1,200円
No.56 翼賛議会型政治・地方民主主義への脅威 地域政党と地方マニフェスト 高寄昇三 1,200円
No.57 なぜ自治体職員にきびしい法遵守が求められるのか 加藤良重 1,200円
No.58 東京都区制度の歴史と課題 都区制度問題の考え方 著：栗原利美、編：米倉克良 1,400円
No.59 七ヶ浜町（宮城県）で考える「震災復興計画」と住民自治 編著：自治体学会東北YP 1,400円
No.60 市民が取り組んだ条例づくり 市長・職員・市議会とともにつくった所沢市自治基本条例を育てる会 編著：「所沢市地域特別区法」の成立と今後の課題 1,400円
No.61 いま、なぜ大阪市の消滅なのか 編著：大阪自治を考える会 800円
No.62 地方公務員給与は高いのか 非正規職員の正規化をめざして 著：高寄昇三・山本正憲 1,200円

No.1 外国人労働者と地域社会の未来 著：桑原靖夫・香川孝三、編：坂本恵 900円
No.2 自治体政策研究ノート 今井照 900円
No.3 住民による「まちづくり」の作法 今西一男 1,000円
No.4 格差・貧困社会における市民の権利擁護 金子勝 900円
No.5 法学の考え方・学び方 イェーリングにおける「秤」と「剣」 富田哲 900円
No.6 今なぜ権利擁護か ネットワークの重要性 高野範城・新村繁文 1,000円
No.7 小規模自治体の可能性を探る 保母武彦・菅原典雄・竹内是俊・松野光伸・佐藤力 1,000円
No.8 小規模自治体の生きる道 連合自治の構築をめざして 神原勝 900円
No.9 文化資産としての美術館利用 地域の教育・文化的生活に資する方法研究と実践 辻みどり・田村奈保子・真歩仁しょうん 900円
No.10 フクシマで「日本国憲法〈前文〉」を読む 家庭で読もう日本国憲法前文 金井光生 1,000円

[地方自治ジャーナルブックレット]

No.1 水戸芸術館の実験　森啓　1,166円（品切れ）

No.2 政策課題研究研修マニュアル　首都圏政策研究・研修研究会　1,359円（品切れ）

No.3 使い捨ての熱帯雨林　熱帯雨林保護法律家ネット　971円（品切れ）

No.4 自治体職員世直し志士論　童門冬二・村瀬誠　971円（品切れ）

No.5 行政と企業は文化支援で何ができるか　日本文化行政研究会　1,166円（品切れ）

No.6 まちづくりの主人公は誰だ　浦野秀一　1,165円（品切れ）

No.7 パブリックアート入門　竹田直樹　1,166円（品切れ）

No.8 市民的公共性と自治　今井照　1,166円（品切れ）

No.9 ボランティアを始める前に　佐野章二　777円

No.10 自治体職員の能力　自治体職員能力研究会　971円

No.11 パブリックアートは幸せか　山岡義典　1,166円*

No.12 市民が担う自治体公務　パートタイム公務員論研究会　1,359円

No.13 行政改革を考える　山梨学院大学行政研究センター　1,166円（品切れ）

No.14 上流文化圏からの挑戦　山梨学院大学行政研究センター　1,166円

No.15 市民自治と直接民主制　高寄昇三　951円

No.16 議会と議員立法　上田章・五十嵐敬喜　1,600円*

No.17 分権段階の自治体と政策法務　山梨学院大学行政研究センター　1,456円

No.18 地方分権のあり方　山梨学院大学行政研究センター　1,200円

No.19 分権化時代の広域行政　山梨学院大学行政研究センター　1,200円

No.20 あなたの町の学級編成と地方分権　田嶋義介　1,200円

No.21 自治体も倒産する　加藤良重　1,000円（品切れ）

No.22 ボランティア活動の進展と自治体の役割　山梨学院大学行政研究センター　1,200円

No.23 新版2時間で学べる「介護保険」　加藤良重　800円

No.24 男女平等社会の実現と自治体の役割　山梨学院大学行政研究センター　1,200円

No.25 市民がつくる東京の環境・公害条例　市民案をつくる会　1,000円

No.26 東京都の「外形標準課税」はなぜ正当なのか　青木宗明・神部誠司　1,000円

No.27 少子高齢化社会における福祉のあり方　山梨学院大学行政研究センター　1,200円

No.28 財政再建団体　橋本行史　1,000円（品切れ）

No.29 交付税の解体と再編成　高寄昇三　1,000円

No.30 町村議会の活性化　山梨学院大学行政研究センター　1,200円

No.31 地方分権と法定外税　外川伸一　800円

No.32 東京都銀行税判決と課税自主権　高寄昇三　1,200円

No.33 都市型社会と防衛論争　松下圭一　900円

No.34 中心市街地の活性化に向けて　山梨学院大学行政研究センター　1,200円

No.35 自治体企業会計導入の戦略　高寄昇三　1,100円

No.36 行政基本条例の理論と実際　神原勝・佐藤克廣・辻道雅宣　1,100円

No.37 市民文化と自治体文化戦略　松下圭一　800円

No.38 まちづくりの新たな潮流　山梨学院大学行政研究センター　1,200円

No.39 ディスカッション三重の改革　中村征之・大森彌　1,200円

「官治・集権」から
　　　　「自治・分権」へ

市民・自治体職員・研究者のための
自治・分権テキストシリーズ

《出版図書目録 2014.2》

公人の友社

〒 120-0002　東京都文京区小石川 5-26-8
TEL　03-3811-5701
FAX　03-3811-5795
mail　info@koujinnotomo.com

- ご注文はお近くの書店へ
  小社の本は、書店で取り寄せることができます。
- ＊印は〈残部僅少〉です。品切れの場合はご容赦ください。
- 直接注文の場合は
  電話・FAX・メールでお申し込み下さい。

　　TEL　　03-3811-5701
　　FAX　　03-3811-5795
　　mail　　info@koujinnotomo.com

（送料は実費、価格は本体価格）